EDITION FREIZEIT UND WISSEN
TAUCHREISEFÜHRER BAND 8
Herausgeber: Dr. Friedrich Naglschmid

"Ein Schnorchel voll Information für alle, die Spaß am Meer haben"

Tauchreiseführer Frankreich
DIE INSELN VON HYERES

Ein Führer für alle Freunde der Natur
und des Meeres:
ein Handbuch für Schnorchler, Taucher und Aquarianer,
eine Fundgrube für die Liebhaber der Provence
und ihrer Küsten

Margot und Franz Ebersoldt

VERLAG SN

VERLAG STEPHANIE NAGLSCHMID STUTTGART

Die Deutsche Bibliothek – **CIP** -Einheitsaufnahme

Ebersoldt, Margot:
Die Inseln von Hyères: ein Führer für alle Freunde der Natur und des Meeres; ein Handbuch für Schnorchler, Taucher und Aquarianer; eine Fundgrube für Liebhaber der Provence und ihrer Küsten / Margot und Franz Ebersoldt. – 2. Auflage – Stuttgart: Naglschmid, 1992
(Tauchreiseführer Frankreich)
(Edition Freizeit und Wissen: Tauchreiseführer; Bd. 8)
ISBN 3-927913-24-3
NE: Ebersoldt, Franz; Edition Freizeit und Wissen / Tauchreiseführer

Titelgestaltung: Michael Mardner/MTi
Titelbild: Franz Ebersoldt/MTi
Gesamtgestaltung: Dr. Friedrich Naglschmid/MTi
Texte und Fotos: Margot und Franz Ebersoldt, Marc Ebersoldt/MTi
Grafiken: Franz und Marion Ebersoldt
Jean Marie Giraud, Christian Thiébault/MTi

Printed in Germany.

Titelbild: Der Hafen von Port-Cros mit dem Fort du Moulin

S. 3 o.: Die Insel Porquerolles ist ein Eldorado für Radwanderer.

S. 3 u.: Das wilde Cap des Mèdes auf der Nordostspitze von Porquerolles mit Befestigungen aus der Mitte des 19. Jahrhunderts.

Vorwort zur 2. Auflage

Seit Jahrzehnten zählen die Inseln von Hyères mit ihrem abwechslungsreichen Angebot und den wilden und steil zerklüfteten Felsküsten zu den begehrten Tauchgebieten Europas. Von Frankreich aus ist dieses Gebiet sicherlich eines der meistbesuchten Tauchgebiete des Mittelmeeres.
Die Unzugänglichkeit der vorgelagerten Steilküsten, auf die sich die Tauchausflüge konzentrieren, haben verhindert, daß der auch an diesen Küstengebieten nicht spurlos vorübergegangene Massentourismus weite Bereiche der Unterwasserwelt erreichen konnte. Mit ihren Gorgonienwänden, der Vielzahl von Niederen Tieren, angefangen von den Edelkorallen bis zu den herrlichen Zylinderrosen, bieten die Inseln von Hyères auch Tropenerfahrenen erlebnisreiche Tauchgänge. Eine Reihe von Tauchschulen bieten in diesem Gebiet dem Urlauber ihre Dienste an.
Somit stellen diese Inseln ein ideales Tauchgebiet für Selbstfahrer, für Clubfahrten und für den Familienurlaub dar, da natürlich in einem Feriengebiet auch für die nichttauchende Begleitung eine Menge geboten ist.
Dieser Reiseführer soll allen ermöglichen, einen individuell gestalteten Urlaub auf diesen Inseln zu erleben und Anreiz geben, mehr vom Meer zu sehen und zu erfahren.
Die Reihe **TAUCHREISEFÜHRER,** die Sie inzwischen unter anderem in so bekannte Tauchgebiete wie das Salzkammergut, Malta, die Costa Brava, die Türkei, Korsika und Sardinien entführt, soll dazu beitragen, daß Sie sich vom ersten Tag an in Ihrem Urlaubsgebiet zurecht finden und auf die örtlichen Besonderheiten einstellen können. So geht keine wertvolle Zeit Ihres Urlaubes verloren, und Sie können ihn in voller Länge genießen.

Stuttgart, im Frühjahr 1992

Dr. Friedrich Naglschmid
Vizepräsident des Verbandes
Deutscher Sporttaucher

Inhaltsverzeichnis

S. 6: Teppiche von Krustenanemonen bedecken oft große Flächen im Schattenbereich von Überhängen.

S. 7: Der Braune Drachenkopf *(Scorpaena porcus)* ist ein häufiger Bewohner des nicht tiefen Litorales (Länge bis 18 cm).

Einleitung

Ein Diadem von Edelsteinen ziert die Stirn der lieblichen Provence: Die Inseln von Hyères. Durch königliches Edikt im 16. Jahrhundert als „Goldene Inseln" bezeichnet, verdienen sie diesen Namen in vielfacher Hinsicht auch heute noch. Sie bilden letzte Paradiese – über und unter Wasser – in einer Welt, wo der Mensch durch Unverstand sich und den ihn umgebenden Lebewesen die Existenzbedingungen in verantwortungsloser Weise verschlechtert hat. Das Mittelmeer und weite Bereiche seiner Küsten sind von dieser Entwicklung nicht verschont geblieben, wie hinreichend bekannt ist. Im Raum der Inseln von Hyères kann man jedoch eine weitgehend unberührte Fauna und Flora bewundern, die es auf dem Festland kaum mehr gibt. Daher stellen wir an den Anfang unseres Führers die inständige *Bitte* an den Leser, bei einem Besuch der Inseln nach Kräften dazu beizutragen, daß dieser traumhafte Zustand erhalten bleibt.
Schriftsteller und Dichter haben den Zauber der Insellandschaft und ihre Liebe zu dieser in Worten wiederzugeben versucht. Als Beispiel zitieren wir den provenzalischen Dichter Valère Bernard, der in einer Ode über die Inseln auch den Charme von Port-Cros feiert, das heute das Herz des nach ihm benannten Nationalparks bildet:

Da rühmt sich die andre: „Ich bin die Schönheit,
ich bin Port-Cros, bin das Wunder!
Und ich öffne meine entzückenden Arme
den Kindern der Poesie.
Mein Busen, schwingend vor Harmonie,
ist die goldne Harfe, zu der
mit der Begeisterung der Jugend,
die Stirn geschmückt mit wilden Rosen,
die ganze Seele der Provence gesungen hat,
und mein Traum ist die Freude".
(Odo is isclo d'or, 1926, übersetzt aus dem Provenzalischen)

Noch hat kein Poet die phantastische *Welt unter Wasser* besungen, welche die Inseln umgibt. Sie hätte es wirklich verdient. Verdient hat sie insbesondere aber Schutz, Schutz gegen Verschmutzung und Verseuchung, gegen die verheerende Wirkung von Schleppnetzen und die schädliche von Ankern, aber auch gegen die zerstörerische Aktion der Schwimmflossen schlecht austarierter Taucher. Aufgewirbelte Sedimente können beim Wiederablagern empfindliche Organismen ersticken. Und das Mittelmeer ist reich an Sinkstoffen.
Daß Unterwasser-„Jagd" sehr gut mit der Kamera erfolgen kann und ein geglücktes Photo meist eine größere Befriedigung vermittelt als ein mittels Harpune umgebrachtes Meerestier, wird inzwischen weitgehend anerkannt. Auch sollte man seine „Reisesouvenirs" nicht dort aussuchen, wo die natürlichen Lebensgemeinschaften (Biozönosen) unter bzw. über Wasser gestört oder geschädigt werden. Manche Arten sind zudem vom Aussterben bedroht.
Dieser Führer vereinigt in kompakter Form eine Fülle von Wissenswertem über die Inseln von Hyères. Sein Inhalt geht über die in den gängigen Côte d'Azur-

Reiseführern enthaltenen Informationen weit hinaus. Neueste Forschungsergebnisse insbesondere zur Geschichte der Region sind verarbeitet.
Er wendet sich an alle Naturfreunde, die sich für diese Gegend interessieren. Insbesondere will er Schnorchlern und Tauchern ein nützliches Handbuch sein. Wer seine Kenntnisse über Tiere und Pflanzen im Mittelmeer vertiefen möchte, dem empfehlen wir als Zusatzlektüre unser Buch „Unterwasserwelt des Mittelmeeres", das die häufigsten Arten des westlichen Mittelmeeres ausführlich behandelt.
Um das Studium weiterführender Literatur zu erleichtern bzw. das Gespräch mit Einheimischen zu fördern, haben wir bei den erwähnten Pflanzen- und Tierarten mindestens an einer Stelle neben dem deutschen Vulgärnamen auch die wissenschaftliche lateinische Bezeichnung sowie den gängigen französischen Namen (soweit vorhanden) angefügt. Wir hoffen, daß über alle Sprachbarrieren hinweg dieses Gespräch zustande kommt und daß die gemeinsame Liebe zum Meer und seinen Bewohnern die menschlichen Kontakte fördert, daß über ein besseres Verstehen der Lebensbedingungen im Unter- und Überwasserraum auch ein Gefühl der Mitverantwortung für den Schutz dieser Bereiche erweckt wird.

Weihnachten 1987

Margot Ebersoldt
Franz Ebersoldt

S. 10 o.: Überragt vom Fort du Moulin (links) und Fort de l'Estissac (oben rechts) kauern sich die wenigen Häuser von Port-Cros auf den schmalen Küstensaum.

S. 10 u.: Das Dorf Port-Cros strahlt südländische Atmosphäre aus. Der Dorfkern lag in früheren Jahrhunderten aus Sicherheitsgründen auf der Höhe des schützenden Fort du Moulin.

S. 11: Durch die ungeheure Gewalt der Erdkräfte wurden Sedimentschichten, die sich einst horizontal ablagerten, bis zur Senkrechten aufgefaltet (Südküste von Port-Cros).

Danksagung

Zahlreiche Personen haben beim Zustandekommen dieses Buches mitgewirkt. Der Stadt Hyères sind wir zu besonderem Dank verpflichtet, deren stellvertretender Bürgermeister Jean-Michel Camut wichtige Kontakte im wissenschaftlichen Bereich vermittelte.
Rolland Blanc, Präsident des Comité Var des französischen Tauchsportverbandes FFESSM gab entsprechende Hilfen im taucherischen Bereich.
Wertvolle Informationen und Literatur steuerte der Nationalpark von Port-Cros bei, dessen stellvertretender Direktor Eric Binet uns viel Zeit widmete. Philip Robert, Mitarbeiter des Nationalparks, gab uns manches von seinem Wissen über die Inseln weiter. Michel Bats, Mitarbeiter des CNRS und Grabungsdirektor im antiken Olbia, ließ die frühe Geschichte der Region lebendig werden und berichtete von neuesten Forschungsergebnissen zu den griechisch-römischen Küstensiedlungen.
Madame Nicolai, Konservatorin am Museum von Hyères, lieferte wertvolle Ergänzungen hierzu. Madame Jacqueline Olivier, Direktorin der Compagnie de Transports Maritimes „Vedettes Iles d'Or – Le Corsaire", zeigte großes Interesse für unser Buchprojekt und unterstützte es wirksam.
Zu Dank verpflichtet sind wir einer Reihe französischer Freunde, die uns bereitwillig mit ihren Booten zu den schönsten Stellen der Inseln gefahren haben, die wir sonst möglicherweise übersehen hätten. Hier seien besonders Danielle und Jean-Jacques François erwähnt.
Viele Tauchgänge wären weniger eindrucksvoll gewesen, wenn nicht immer wieder einheimische Basisleiter und Moniteure uns zu ihren interessantesten Tauchplätzen geführt hätte.
Unzählige Gespräche mit Ortsansässigen haben unsere Kenntnisse über die „Goldenen Inseln" abgerundet.
Allen sei für ihre Mitwirkung gedankt.
Schließlich möchten wir noch Stephanie und Dr. Friedrich Naglschmid von EDITION FREIZEIT und WISSEN unsere Anerkennung aussprechen für die angenehme, unkomplizierte und vertrauensvolle Zusammenarbeit in der Erstellungsphase dieses Buches und für seine sorgfältige technische Realisierung.

Die Autoren

S. 14 o.: Von den Zinnen des Fort de l'Estissac schweift der Blick über die Bucht von Port Cros (links), das Fort du Moulin (Mitte) zur Insel Bagaud und nach Porquerolles (im Hintergrund).

S. 14 u.: Blick vom Fort du Grand Langoustier über die steile Südküste von Porquerolles zum Leuchtturm auf dem weit vorspringenden Cap d'Arme.

S. 15 o.: Die Mederfelsen (Rochers des Mèdes) vor der Ostspitze von Porquerolles bieten ein eindrucksvolles Naturschauspiel. Mit etwas Phantasie erkennt der Taucher in ihnen das O.K.-Zeichen der Unterwasser-Sprache.

S. 15 u.: Wenn der Mistral das Meer aufwühlt, müssen Schiff und Mensch seetüchtig sein. Boot des CIP Le Lavandou in der Grande Passe östlich von Porquerolles.

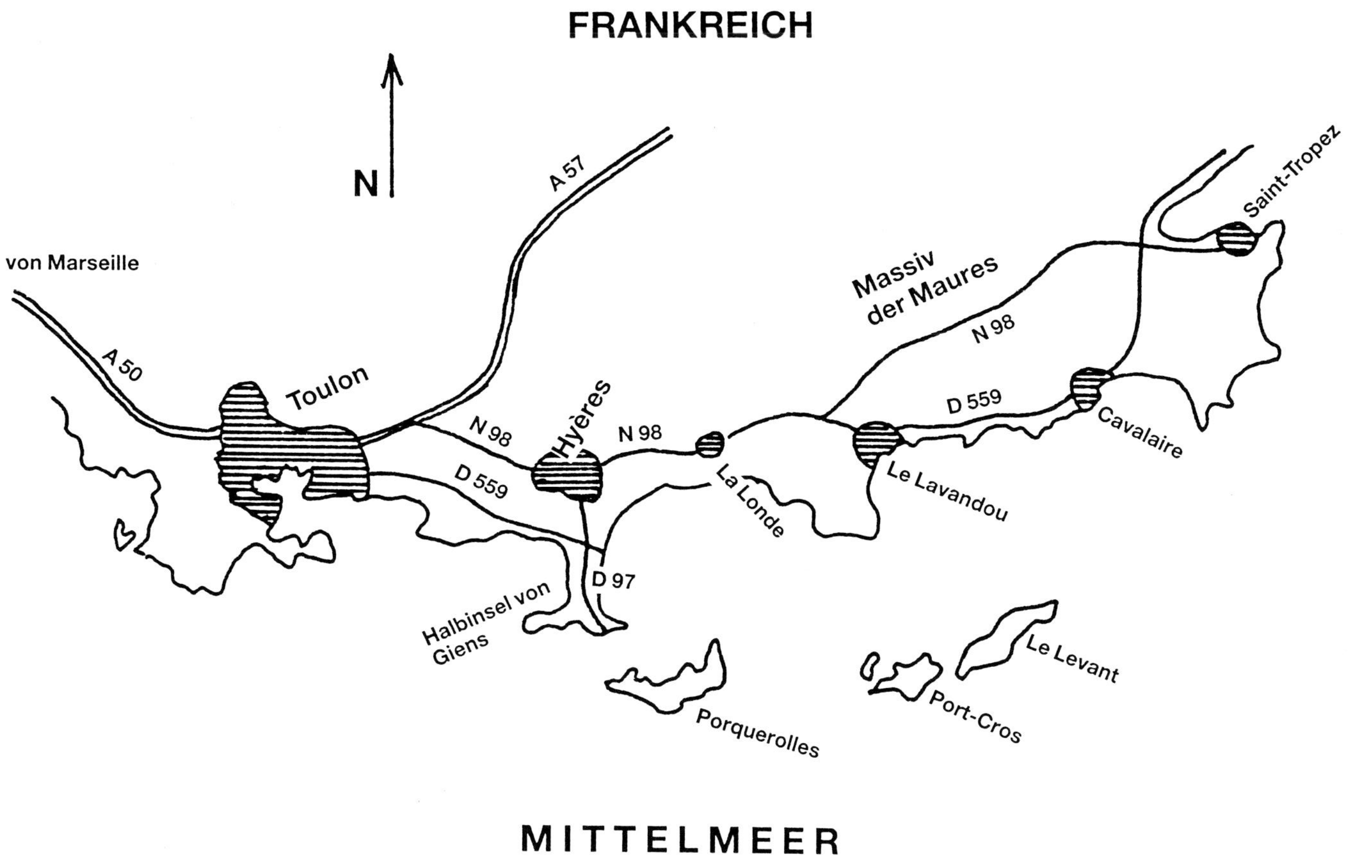

Geographische Lage der Inseln

Schiffsverbindungen zu den Inseln

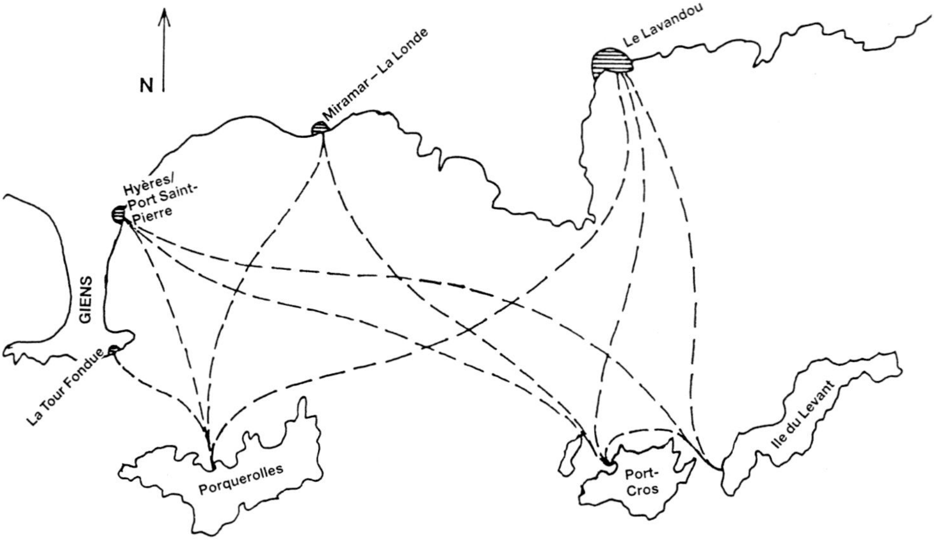

Der zentralste Ort, von dem man alle Inseln bequem per Linienschiff erreichen kann, ist der Badeort *Le Lavandou.* Die schnellen, schnittigen Boote der „Compagnie de Transports Maritimes – Vedettes Iles d'Or et le Corsaire" verbinden diesen Ort (Abfahrt Gare Maritime, Alter Hafen) mehrmals täglich mit der *Ile du Levant* (Fahrtzeit 30 Min.) und *Port-Cros* (Fahrtzeit direkt 30 Min., über Levant 50 Min.). Der Einsatz noch schnellerer Schiffe ist geplant. Während der Sommerperiode gibt es dem Bedarf angepaßte Sonderfahrten. Da die Übernachtungsmöglichkeiten auf beiden Inseln sehr beschränkt bzw. teuer sind, bieten sich Tagesausflüge dorthin an. Der Fahrplan der Schiffe ist so, daß man im Sommer mindestens 8 Stunden auf den Inseln zur Verfügung haben kann zum Erkunden, Baden, Schnorcheln oder Tauchen.
Es besteht auch die Möglichkeit, an einem Tag zunächst die Insel Le Levant zu besuchen und mit einem späteren Schiff die Reise nach Port-Cros fortzusetzen, von wo aus man dann abends zum Festland zurückkehrt *(Billet circulaire* verlangen!)
Während der Saison gibt es an bestimmten Wochentagen auch ein morgendliches Schiff nach *Porquerolles,* das die Fahrgäste in einer rd. 50minütigen Küstenpromenade von Le Lavandou vorbei am hohen *Cap Bénat,* dem *Fort von Brégançon* und den geborstenen Klippen des *Cap des Mèdes* zur Insel Porquerolles bringt. Bevor die Sonne untergeht, holt es die Passagiere zum Ausgangshafen zurück.
Im Sommer werden sonntags auch interessante *Kreuzfahrten* von Le Lavandou aus veranstaltet, bei denen die Inseln Porquerolles, Port-Cros und Levant angelaufen werden und jeweils Landaufenthalte unterschiedlicher Dauer vorgesehen sind.

Wer morgens rechtzeitig mit dem Auto zum Gare Maritime von Le Lavandou anreist, findet meistens direkt im Hafen einen Parkplatz (während der Saison gebührenpflichtig!)
Die kürzeste Schiffsverbindung zur Insel Porquerolles besteht vom Anleger von *La Tour Fondue* auf der Halbinsel Giens aus (Fahrtdauer ca. 15 Min.). Die Fähren der „Transports Maritimes et Terrestres du Littoral Varois“ verkehren in der Hochsaison teilweise in halbstündigem Abstand. Die gleiche Companie T. L. V. entsendet in der Saison an bestimmten Tagen vom Port d'Hyères bzw. von La Tour Fondue aus auch Schiffe zu den entfernteren Inseln Port-Cros und Le Levant.
Wer in *Miramar – La Londe-les-Maures* wohnt, kann in der Hochsaison auch von diesem kleinen Hafen aus direkt nach Porquerolles, Port-Cros und Le Levant übersetzen.

La Tour Fondue, die malerische Ruine der Festung von 1634

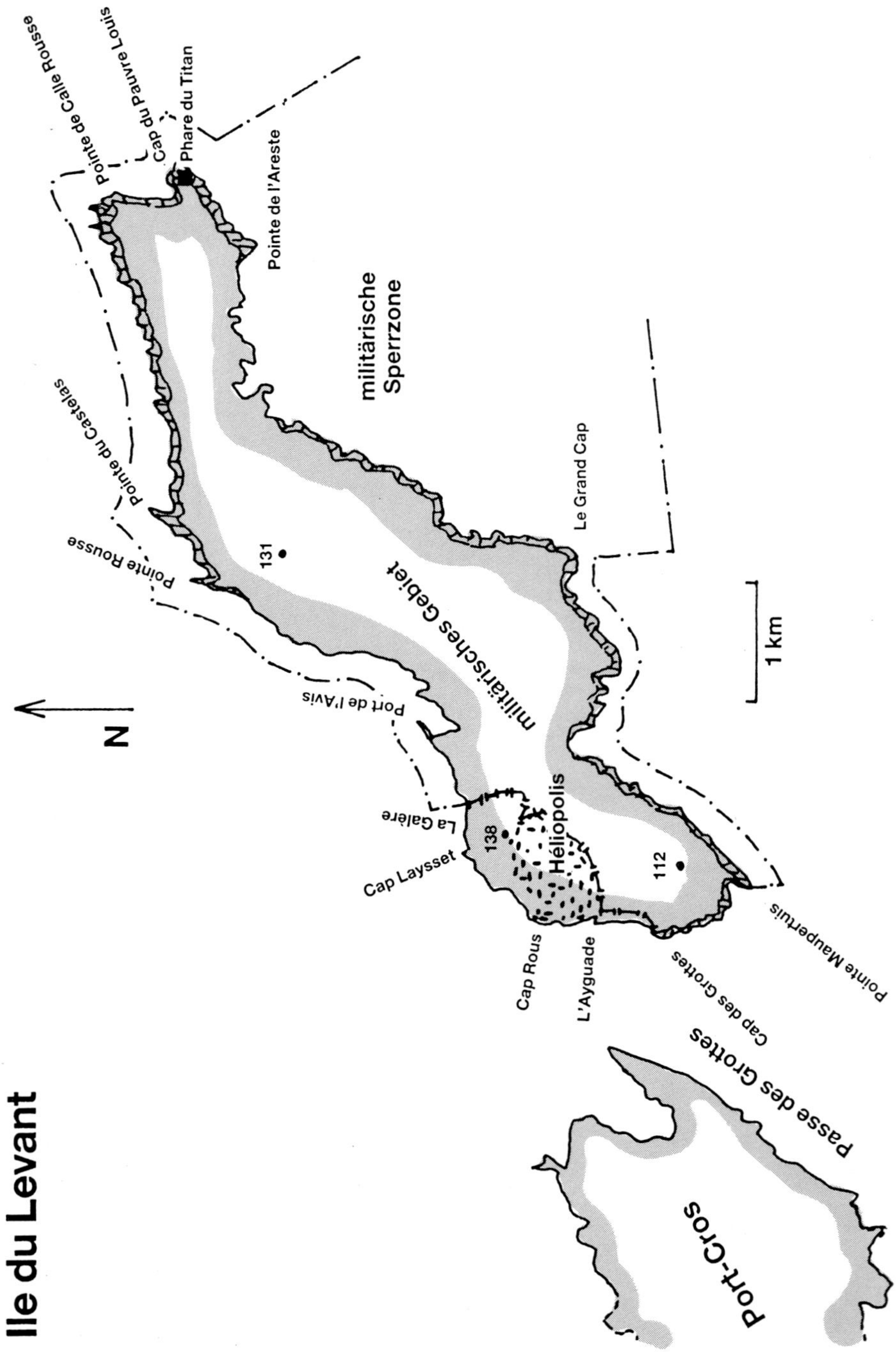
Ile du Levant
N
1 km
militärische Sperrzone
militärisches Gebiet
Pointe de Calle Rousse
Cap du Pauvre Louis
Phare du Titan
Pointe de l'Areste
Pointe du Castelas
Pointe Rousse
Le Grand Cap
131
Port de l'Avis
La Galère
Cap Laysset
138
Héliopolis
112
Cap Rous
L'Ayguade
Cap des Grottes
Pointe Mapertuis
Passe des Grottes
Port-Cros

Ile du Levant

Die östlichste der Inseln von Hyères, die *Ile du Levant* (Insel der aufgehenden Sonne), ist mit 8 km auch die längste. Sie wird von einem schlanken Felsgrat gebildet, der kaum mehr als 1 km breit ist und an seiner höchsten Stelle 138 m erreicht. Ringsum fallen die Felsküsten abrupt und unzugänglich in ein tiefblaues, rasch an Tiefe gewinnendes Meer ab.
Vom mineralogischen Standpunkt her ist Levant die mannigfaltigste und interessanteste unter den Inseln von Hyères: Metamorpher *Gneis* wechselt ab mit *Glimmerschiefern*, die reich sind an Einschlüssen wie *Granat*, *Staurolith* und *Disthen*. *Quarzitbänder* leiten über zu turmalinführendem Gneis in großen Platten.
Auch basaltische Ergußgesteine, die in einer Spätphase in Spalten vorgedrungen sind, findet man in Form von grobkörnigem *Dolerit*. Eingeschlossen sind die sog. *„Eisensteine"*, die der Sage nach von Zwergen in der Unterwelt geschmiedet werden und wie Eisen klingen, wenn man sie anschlägt. Leider ist ein Großteil der geologischen Schätze der Insel für den Durchschnittsbürger unerreichbar geworden: 1892 kaufte der französische Staat 9/10 der Oberfläche für die Marine. Bis auf den verbleibenden Rest, der im Südwesten der Insel liegt, ist das Territorium heute militärisches Sperrgebiet.
Wahrscheinlich ist die Insel Levant identisch mit *Hypaea*, der „Untersten" des von den kleinasiatischen Griechen erstmals besiedelten Archipels. An den Namen „Insel des Titanen", der vorübergehend geführt wurde, erinnert noch der des Leuchtturms („Phare du Titan") auf der östlichsten Inselspitze, dem steilen *Cap du Pauvre Louis* (Kap des armen Ludwigs).
Der Vielfalt an Schönheiten im Bereich der unbelebten Natur steht eine insbesondere im Vergleich zu den großen Nachbarinseln eher bescheidene Vegetation gegenüber. Da das Relief sehr abgerundet und ohne Gliederung durch Täler und größere Mulden ist, konnte die Erosion durch Wasser und Wind der Oberfläche stark zusetzen und immer wieder die dünne Bodenkrume vom felsigen Untergrund abtragen. Aleppokiefern und Korkeichen repräsentieren stellenweise den höheren Bewuchs. Ansonsten ist die Insel von der typischen mediterranen Macchie (vergl. S. 29) überzogen. Lediglich um die Villen von *Heliopolis* findet man durch Anpflanzung und dank künstlicher Bewässerung eine üppige Flora.

Héliopolis (die Sonnenstadt)

Im Jahre 1931 erwarben die Doktoren Gaston und André *Durville* rd. 60 ha Macchie, um hier – als Weltneuheit – das erste Zentrum für Freikörperkultur (FKK) zu gründen. Ihre Motive erläuterten die beiden wie folgt: „Heliopolis soll sein – nach den Vorstellungen seiner Gründer – keine Stadt, kein Dorf, keine Ansammlung von Häusern oder luxuriösen Villen mit Garagen, Casinos, Theatern, Handelshäusern, vielmehr eine einfache ländliche Siedlung, wohin die Freunde von Luft und Sonne kommen werden, um sich in der Stille einer herrlichen Natur zu erholen von den Strapazen der künstlichen Zivilisation der Städte. Hier werden sie einfache und gesunde Ferien verbringen mit dem einzigen Luxus eines erhabenen Ideals und der einzigen Sorge um die robuste Gesundheit".

Doch die Wirklichkeit war stärker als alle hehren Träume vom Leben in naturbelassener Umgebung. Das Areal von Heliopolis, das heute den größten Teil des zivilen Sektors der Insel bildet, ist nahezu vollständig übersät mit Villen, deren hohe Erstellungskosten in den meisten Fällen die Möglichkeiten des einfachen Naturfreundes überstiegen haben dürften. Viele von diesen Häusern sind heute zu mieten. Lediglich im Südosten der Siedlung, am Abhang zum Tal von *l'Ayguade*, findet man im Sommer auf zahlreichen offiziellen und privaten Zeltplätzen unter den niedrigen Bäumen und hohen Sträuchern einer weitgehend erhaltenen Macchie die kleinen Stoffbehausungen von Rucksacktouristen, die noch ernsthaft den engen Kontakt mit der Natur suchen – unter Verzicht auf jegliche Art von Komfort.

Dieser muß übrigens auf der Insel teuer erkauft werden. Da es keine zentrale Elektrizitätsversorgung gibt, haben die meisten Hausbesitzer individuelle Stromgeneratoren installiert, die mit Brennstoffen funktionieren, welche vom Festland angeliefert werden. Sonnenbatterien, die auf die Hausdächer montiert sind, bilden eine zusätzliche Energiequelle. Auch für die Wasserversorgung muß jeder selbst Sorge tragen: Zisternen und artesische Brunnen liefern das allgemeine Brauchwasser, Trinkwasser wird im allgemeinen in Flaschen vom Festland geholt.

Trotz dieser schwierigen Versorgungsssituation braucht der Sommer-Urlauber in Heliopolis auf keine Annehmlichkeit zu verzichten, wenngleich er dafür vielleicht etwas tiefer in die Tasche zu greifen hat als anderswo. Es gibt zahlreiche Hotels, Pensionen und auch Mietwohnungen für Selbstversorger. Es fehlen nicht Selbstbedienungsläden, Bank, Post, Schule, Souvenir-Läden, Bars und die Night-Clubs. Bei Schönheitswettbewerben kann man den eigenen Körper bewundern lassen oder fremde Schönheit bestaunen. In einer kleinen Kapelle oberhalb der Siedlung finden periodisch Gottesdienste statt, wenn der einzige Geistliche, der alle Inseln von Hyères zu betreuen hat, wieder einmal diesen östlichsten Punkt seines Bezirks aufsucht.
Nur 250 Personen leben ganzjährig in Heliopolis, das – wie alle Inseln hier – zur Gemeinde von *Hyères* gehört. Zu diesen Einheimischen gesellen sich 2500 länger bleibende Sommergäste, die ihre Ferien verbringen. In der kurzen Hochsaison der Monate Juli/August besuchen täglich weitere 1000 Tagesausflügler Le Levant.
Zahlreiche Fußwege und Steige machen jeden Punkt des am Westhang liegenden Heliopolis leicht zugänglich. Nur *eine* Hauptstraße windet sich vom Schiffsanleger l'Ayguade zum 118 m hohen Dorfzentrum. Ein Minibus verbindet beide Punkte (800 m Distanz) und spielt auch Taxi für an- und abreisende Gäste der verschiedenen Häuser. Darüber hinaus stellen die Versorgungsfahrten einiger LKW's den einzigen zugelassenen Autoverkehr auf der Insel dar.
Heliopolis wird überragt vom *Fort de l'Arbousier*, das 1812 von Napoleon erbaut wurde als Gegenstück zur Festung von *Port-Man* auf der Nachbarinsel Port-Cros mit dem gemeinsamen Ziel, die Durchfahrt durch die *Passe des Grottes* zu sichern.

Das C. E. M.

Auf über 900 ha Inseloberfläche hat die französische Marine ihr „Centre d'Essais de la Méditerranée" eingerichtet. Von hier aus wurden in der Vergangenheit Versuche mit ferngesteuerten Raketen durchgeführt. Regelmäßig werden im Bereich der Inseln von Hyères und speziell im Seegebiet um Levant militärische Übungen abgehalten, wobei mit Rücksicht auf die Touristen die Ferienperiode im Sommer in der Regel ausgenommen wird. Diese Übungen können tagsüber und nachts stattfinden. Die Zeiten werden von den örtlichen Küstenfunkstellen bekanntgegeben. Beteiligt sind meistens Überwasserfahrzeuge, U-Boote und Flugzeuge. Ziele, die sich teils in der Nähe von Levant im Wasser, teils auf der Insel befinden, werden mit Bordwaffen und Übungsbomben angegriffen. Während derartiger Manöver ist Sportbooten und Taucherschiffen ein Aufenthalt in der Nähe des Ostteils von Levant nicht zu empfehlen.
Die Insel ist, bis auf einen Küstenstrich im Westen zwischen der *Pointe Maupertuis* und den Felsen von *la Galère*, zur See von einer 200 m breiten militärischen Sperrzone umgeben. Diese ist im Südosten sogar noch weiter ins Meer ausgedehnt (Seekarte konsultieren!). Das Befahren oder Betauchen dieses Gebiets ist verboten. Da auch Fischerei in diesem Sektor nicht gestattet ist, wirkt sich die Zone wie ein Reservat aus. Das hat eine positive Wirkung auch auf den Fischbestand in den angrenzenden, nicht gesperrten Seegebieten.

Port de l'Avis im militärischen Sicherheitsbereich der Nordküste bildet mit einer Einbuchtung vor einem kleinen Tal den einzigen natürlichen Hafen der Insel. Dieser ist durch das Wrack eines auf Grund gesetzten Tankers nach Norden hin zusätzlich geschützt. Der militärische Versorgungshafen darf von zivilen Schiffen nur in Notfällen oder bei schlechtem Wetter angelaufen werden.

Die Strände
Der Küstenbereich, welcher im zivilen Inselsektor liegt, ist kurz und felsig. Deshalb gibt es nur eine Stelle, die in unserem Sinne die Bezeichnung „Strand" verdient, die *Plage des Grottes* (Höhlenstrand) im Süden des Schiffsanlegers von l'Ayguade. Die herrlichen Grotten, die es früher hier gab, wurden nach einem schweren Unfall (Einsturz von Höhlenteilen) abgetragen. Da die Insel Levant als FKK-Zentrum international bekannt ist, braucht man keine Sorge zu haben, an diesem Strand im Sommer zu einsam zu sein. Viele ziehen daher glatte Felsplateaus zum Sonnenbaden und einen etwas mühevolleren Einstieg in ein dafür umso klareres Wasser an anderer Stelle der Felsküste vor (z. B. bei den *Pierres Plates* und den *Bains de Diane* nördlich von l'Ayguade). Ein in die Felsen gehauener Pfad, der von der Plage des Grottes am Ufer entlang bis zur *Crique* (kl. Bucht) *de la Galère* führt, verbindet die einzelnen, zum Teil durch Zementanwendungen in glatteren Zustand gebrachten steinigen Badeplätze und bietet gleichzeitig herrliche Panoramen zur Nachbarinsel und zum Festland. Während am Schiffsanleger und im Dorf ein an der entscheidenden Körperstelle plaziertes und durch Fäden in der richtigen Position gehaltenes Stoffdreieck als „korrekte" Kleidung angesehen wird, ist im übrigen Küstenbereich vollständige Nacktheit nicht nur toleriert, sondern sogar „vorgeschrieben". Zu sehr bekleidete Wanderer, selbst Taucher, die dem kristallklaren, fischreichen Wasser und den reich bewachsenen Felsgründen zustreben, lösen wegen ihres Neoprenanzuges bei den Anhängern der großen Freiheit bisweilen nicht nur unfreundliche Bemerkungen aus.

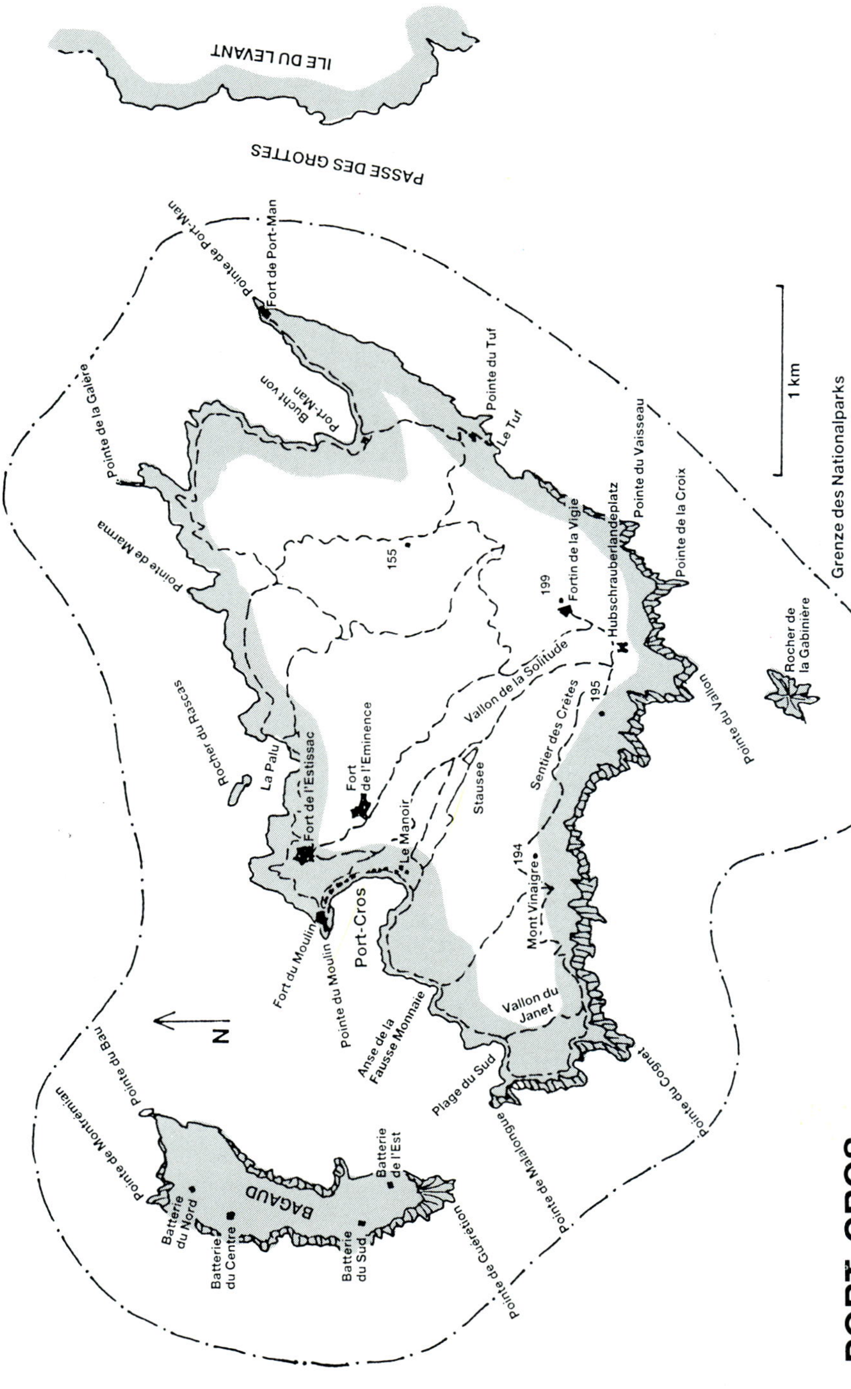
ILE DU LEVANT
PASSE DES GROTTES
Pointe de Port-Man
Fort de Port-Man
Pointe du Tuf
Le Tuf
Bucht von Port-Man
Pointe de la Galère
Pointe de Marma
155
199
Fortin de la Vigie
Hubschrauberlandeplatz
Pointe du Vaisseau
Pointe de la Croix
1 km
Grenze des Nationalparks
Rocher de la Gabinière
Pointe du Vallon
Vallon de la Solitude
195
Sentier des Crêtes
Stausee
Rocher du Rascas
La Palu
Fort de l'Estissac
Fort de l'Eminence
Le Manoir
194
Mont Vinaigre
Port-Cros
Fort du Moulin
Pointe du Moulin
Anse de la Fausse Monnaie
Vallon du Janet
Plage du Sud
Pointe du Cognet
Pointe de Malalongue
N
Pointe du Bau
Pointe de Montremian
BAGAUD
Batterie du Nord
Batterie du Centre
Batterie du Sud
Batterie de l'Est
Pointe de Gurétiaon

PORT-CROS

Port-Cros

– ein phantastischer Naturpark über und unter Wasser –

Nähert man sich von Ferne der Insel Port-Cros, glaubt man unwillkürlich, eine Tropeninsel vor sich zu haben. Eine dichte, undurchdringlich erscheinende Vegetation, die an Regenwälder erinnert, bedeckt den gewölbten, durch mehrere Täler gegliederten Felsschild nahezu vollständig. Nur der untere Bereich der schroff ins Meer abstürzenden Felsküste wirkt kahl und abgewaschen.
Die höchste aller Inseln von Hyères erreicht ihren Kulminationspunkt mit 199 m beim *Fortin de la Vigie* im Süden. – Bei weiterer Annäherung an die Insel erkennt man, daß Hochwaldzonen (Kiefern, Eichen und Eukalyptus) abwechseln mit übermannshoher, dichtverwachsener Strauchvegetation, der für weite Teile des Mittelmeerraumes typischen „*Macchie*“ (frz.: Maquis).
Kaum biegt das vom Festland kommende Schiff um die *Pointe du Moulin à Vent* (Windmühlen-Spitze), die vom trutzigen *Fort du Moulin* (Mühlenfort) überragt wird, in die Reede von Port-Cros ein, fühlt man sich in der Meinung bestätigt, eine Tropeninsel anzulaufen: Ein Kranz hoher Palmen säumt die Bucht. Zwischen ihnen leuchten ein Dutzend ockerfarbener Häuser hindurch, die auf einem schmalen Ufersaum das einzige Dorf der Insel bilden. Hinter ihnen steigt ein dichtbewaldeter Hang steil an. Tropische Blütenpflanzen, die teilweise schon von den Urahnen der heutigen Dorfbewohner eingeführt und akklimatisiert wurden, vervollständigen den Eindruck südländischer Heiterkeit. Ein Stückchen Äquator vor einer eher finster wirkenden Kulisse aus ursprünglicher provenzalischer Vegetation.
Der Name „Port-Cros“ der etwa 4,5 km zu 2 km großen Insel leitet sich von „Port Creux“ (Hohler Hafen) her, womit die tief ausgehöhlte Bucht vor dem Dorf gemeint ist, die zahlreichen Schiffen Hafen und Schutz insbesondere gegen den starken Ostwind bietet. *Mesae*, die „Mittlere“, hieß die Insel wahrscheinlich zur Zeit der frühen griechischen Besiedlung.
Ihr geologischer Aufbau weist ähnliche Vielfalt wie der der Nachbarinsel Levant auf. Wegen des dichten Bewuchses liegt jedoch der Fels nur an wenigen Stellen nackt zutage. Das ist natürlich speziell im entblößten unteren Küstenbereich der Fall.
Der größte Teil der Insel besteht aus sehr alten Gesteinen, die sich einst als horizontale Sedimentschichten auf dem Meeresgrund abgelagert hatten und dann durch die Erdkräfte gefaltet und sehr steil, stellenweise bis zur Vertikalen (vergl. Bild S. 11) aufgerichtet wurden. Diese Schichten waren zum Teil in etwa 15 km Tiefe unter der Erdoberfläche hohem Druck und Temperaturen um 500°C ausgesetzt gewesen. Unter diesen Bedingungen hatten sie sich wie eine plastische Masse, eine Schmelze, verhalten, die leicht auf engstem Raum deformiert werden konnte und in der sich – unter Beibehaltung der chemischen Zusammensetzung – Kristalle verschiedener Struktur und Größe bilden konnten. Diese *metamorph* (= umgewandelt) genannten Schichten wurden bei späteren Bewegungen der Erdkruste unter Abkühlung dann wieder emporgehoben und werden heute an der Oberfläche gefunden. Hauptsächlich bilden Schiefer, de-

ten millimetergroße Pailletten aus silbrig-transparentem *Muscovit-Glimmer*, schwarzem *Biotit* und grünlichem *Chlorit* den unvergleichlichen Glanz der Felsen (vergl. S. 60 „Iles d'Or“ = Goldinseln) verursachen, die heutige Inseldecke. Darin eingelagert sind kugelförmige, braunrote *Granate* von 10 – 12 mm Durchmesser (die für die Schmuckindustrie zu unrein sind), bis zu 2 cm lange blaugraue Stäbchen von *Disthen*, schwarz-grüne, längsgestreifte Säulchen von *Turmalin* von wenigen mm Länge. Dazu kommen kleine, rotbraune *Staurolithe*, weißlicher *Feldspat* und dunkle *Hornblende*. Daneben gibt es immer wieder Bänder oder Blöcke von weißem, bisweilen sogar rot oder schwarz gefärbtem *Quarz*, der bei der Metamorphose als Restmineral entstand. Außer den genannten alten Gesteinen fallen einige ins Auge, die jüngster Genese sind: An der Südostküste gibt es eine Stelle, die *Le Tuf* (der Tuff) genannt wird. Hier bilden gelblich-weiße, übereinandergeschichtete Bänke aus kalkigem, bröckeligem Sandstein phantastische Erosionsformen (vergl. Bilder S. 27).
Wegen des unvergleichlich schönen landschaftlichen Rahmens lohnt sich eine Wanderung hierhin ganz besonders. Die Bezeichnung „Tuff“, die eigentlich leichte Felsen aus ehemaliger Vulkanasche bezeichnet, wurde hier übertragen auf sehr poröse Ablagerungsgesteine. Es handelt sich in Wirklichkeit um eine alte Düne, die sowohl aus terrestrischen als auch aus Meersanden aufgebaut wurde. Von der Erosion abgerundete Quarzkörper vermischten sich mit Kalkrückständen pflanzlichen oder tierischen Ursprungs. Spritzwasser und Regen lösten teilweise den Kalk und ließen nach Verdunstung des Wassers zementartig verfestigte Felsen entstehen. Ihr Alter wird auf 30 000 bis 40 000 Jahre geschätzt. Dies leicht zu bearbeitende Gestein wurde in früheren Zeiten als Baumaterial verwendet. Auf Port-Cros findet man derartigen „Tuff“ auch an mehreren Stellen im Inselinneren, z.B. im *Vallon de la Solitude* nördlich des Stausees.
Mineralienfreunde seien darauf hingewiesen, daß die reichen Schätze der Insel nur mit den Augen und der Kamera „ausgebeutet“ werden dürfen, da auch die anorganischen Schönheiten im Rahmen des Nationalparks (vergl. S. 39) vor dem Sammeln geschützt sind.

S. 26: Wo das Kliff stellenweise über 100 m steil ins Meer abstürzt, haben sich Blockgründe gebildet, deren Höhlungen ideale Schlupfwinkel selbst für Großfische wie Zackenbarsche, Muränen und Katzenhaie bilden (Südküste von Port-Cros).

S. 27 o.: „Le Tuf“ heißt ein malerischer Felskomplex an der Südostküste von Port-Cros.

S. 27 u.: Was als „Tuff“ bezeichnet wird, sind in Wirklichkeit versteinerte Dünen und Meeressand, die für den Hobbygeologen viele Überraschungen bereithalten.

Wer auf Port-Cros eine sensationelle Tierwelt erwartet, wird sicher enttäuscht. An Säugetieren finden sich nur *Wildkaninchen (Oryctolagus cuniculus*, frz.: Lapin), die in den Bäumen nistende und von Kiefernzapfen lebende, häufige *Schwarze Ratte der Inseln (Rattus rattus*, frz.: Rat noir) und die *Waldmaus (Apodemus sylvaticus*, frz.: Mulot ordinaire). Bis 1920 existierten in den Gewässern um Port-Cros noch *Mönchsrobben (Monachus monachus*, frz.: Phoque moine). Es soll versucht werden, sie hier wieder heimisch zu machen.
Bei den Reptilien sind die zahlreichen *Eidechsen* (frz.: Lézard), die sich selbst auf den Wegen und felsigen Steigen tummeln, nicht zu übersehen. Zu ihnen gesellen sich 2 Arten von *Nattern*, die bis 2 m lange, rein mediterrane *Montpellier-Natter (Malpolon monspessulanus*, frz.: Couleuvre de Montpellier), deren weit hinten im Schlund sitzende Giftzähne dem Menschen nicht gefährlich werden, und die bis 1,50 m lange *Treppen-Natter (Elaphe scalaris*, frz.: Couleuvre à échelons).
Sie bilden ein Beispiel von zwei nicht-konkurrierenden Arten: Während die erste tagsüber hauptsächlich Eidechsen nachstellt, ist die zweite ein reiner Nachtjäger mit einer Vorliebe für kleine Säugetiere, die sie bis in die Bäume verfolgt.
Sieht man von 2 *Lurcharten* und zahlreichen *Insekten* ab, müßte man die Insel eigentlich als ein Reich der *Vögel* bezeichnen. 114 Arten wurden gezählt, worunter 21 Nestbauer sind. Ein Teil ist auf der Insel heimisch. Andere benutzen sie als regelmäßige letzte „Absteige“ bei ihrem Zug nach Süden, vor der Überquerung des Mittelmeeres. Besonders groß ist der Andrang im Frühjahr, wenn die kleinen Tiere in umgekehrter Richtung, erschöpft von einem langen Flug über die See, der möglicherweise noch gegen den von Norden blasenden Mistral anging, hier Fuß fassen.
Von allen Vögeln sind die großen *Silbermöwen (Laurus argentatus*, frz.: Goéland) die aufdringlichsten, frechsten und überall auf der Insel vertretenen. Als Folge ihrer Ernährung von den Abfallprodukten des Menschen ist die Zahl der Vögel zusammen mit diesem Unrat gleichsam „explodiert“. Und das ist nicht nur im Mittelmeerbereich der Fall. Die kleine Insel *La Gabinière* im Süden von Port-Cros leitet ihren Namen von der provenzalischen Bezeichnung „Gabian“ dieser Raubmöve ab.
Viel seltener sind der *Gelbschnabel-Sturmtaucher (Calonectris diomedea*, frz.: Puffin cendré) und der *Schwarzschnabel-Sturmtaucher (Puffinus puffinus*, frz.: Puffin Yelkouan), von denen es jeweils ein Dutzend Paare auf Port-Cros gibt. In der Dämmerung streichen sie niedrig über die See, auf der Suche nach Beutefischen. Ihre heiseren Schreie, die denen von Menschen ähneln, haben sie in den Ruf gebracht, Wiedergeburten ertrunkener Seeleute zu sein, was das türkische „Yelkouan“ ausdrückt.
An landgebundenen Raubvögeln findet man vier Arten, die entweder Vögeln nachstellen wie der *Sperber (Accipiter nisus*, frz.: Epervier) und der *Wanderfalke (Falco peregrinus*, frz.: Faucon Pélérin) oder die in erster Linie Insekten fressen wie die *Zwergohreule (Otus scops*, frz.: Hibou Petit-Duc) und der *Turmfalke (Falco tinnunculus*, frz.: Faucon Crécerelle).

Aus der Vielzahl der beobachtbaren Singvögel seien nur *Buchfink, Nachtigall, Amsel* und verschiedene *Meisenarten* erwähnt.
Wer sich an **Mittelmeerpflanzen** erfreut, kommt auf Port-Cros nicht zu kurz. Die feuchten Talgründe bieten dem Wanderer selbst im Sommer angenehm kühle, dichte Wälder, die hauptsächlich aus immergrünen *Steineichen (Quercus ilex*, frz.: Chêne-vert oder Yeuse) bestehen, deren Blätter durch eine behaarte Unterseite auffallen. Stellenweise treten an ihre Stelle die ebenfalls immergrünen *Korkeichen (Quercus suber*, frz.: Chêne-Liège), deren dicke, weiche Rinde anderorts geschält und zu Korkartikeln verarbeitet wird.
Der charakteristische Baum von Port-Cros, ja der Inseln von Hyères überhaupt, ist die *Aleppo-Kiefer (Pinus halepensis*, frz.: Pin d'Alep), die auch *Weiße Kiefer* heißt wegen der aschgrauen Farbe ihrer jungen Triebe, an denen kleine Zapfen (6 – 10 cm) und dünne, hellgrüne Nadeln sitzen. Diese Bäume, aus denen die alten Griechen ihre Schiffe bauten, bedecken 3/4 der Inseloberfläche, wenngleich bei Wirbelstürmen in den Jahren 1973 und 1979 sowie bei einem Brand am Hang oberhalb von *La Palu* 1980 unter ihnen große Verwüstungen angerichtet wurden.
Unter dem Kieferndach breitet sich die sog. *Hohe Macchie* (frz.: Maquis élevé) mit Sträuchern bis zu 7 m Höhe aus, die um Raum und Licht konkurrieren. Zur *Baumheide (Erica arborea*, frz.: Bruyère arborescente) muß der Mensch in der Regel aufschauen, um im Frühjahr ihre zierlichen, zartweißen Glöckchen bewundern zu können. Aus einer Holzknolle, die sich beim Wachstum direkt oberhalb der Wurzeln bildet, werden die berühmten Bruyèrepfeifen geschnitzt. Das Holz ist wegen seines hohen Gehaltes an Kieselsäure nahezu unbrennbar. Der Ort *Cogolin* im benachbarten *Massiv der Maures* ist heute das große Zentrum der Pfeifenherstellung. Im letzten Jahrhundert wurden eine Zeitlang Peifenrohlinge auf der Insel Levant produziert.
Der bis zu 10 m hohe *Erdbeerbaum (Arbutus unedo*, frz.: Arbousier) trägt im Spätherbst stachelige, rote Früchte, die äußere Ähnlichkeit mit Erdbeeren zeigen, jedoch ziemlich fad schmecken. Zur gleichen Zeit wie die Früchte findet man am gleichen Strauch auch kleine, cremeweiße, glockenähnliche Blüten, aus denen die Früchte des folgenden Herbstes entstehen werden. Beide vorgenannten Pflanzen sind typisch für kalkarme, siliziumreiche Gelände (Inseln von Hyères, Maures, Teile von Korsika z.B.).

S. 30 o.: Die stark duftende Myrte *(Myrtus communis)*, seit Menschengedenken das Symbol der glücklich Liebenden.

S. 30 u.: Reife Früchte des Erdbeerbaumes *(Arbutus unedo)*.

S. 31 o.: Der Schopflavendel *(Lavandula stoechas)* erinnert an den altgriechischen Namen der Inseln Stoechaden.

S. 31 u.: Im Frühjahr sind die Wegränder dicht bewachsen mit Lilien, dem bis 1,5 m hohen Affodill *(Asphodelus microcarpus)*.

Unter den Pflanzen der *Niederen Macchie*, welche die verbleibenden Lücken bis in direkte Küstennähe ausfüllen, finden sich 2 der 20 mediterranen Arten von *Zistrosen:* die aromatisch riechende *Schmalblättrige Zistrose (Cistus monspeliensis*, frz.: Ciste de Montpellier) mit weißen Blüten bis 3 cm Durchmesser und die *Salbeiblättrige Zistrose (Cistus salvifolius*, frz.: Ciste à Feuilles de Sauge) mit ovalen Blättern und bis 4 cm großen Blüten, deren weiße Blütenblätter am Ansatz gelb sind. Napoleon soll einmal geäußert haben, daß er seine Heimatinsel Korsika am Parfüm der Macchie erkennen könne. Auch auf Port-Cros gibt es eine Reihe stark duftender Kräuter. Die Büsche des *Rosmarins (Rosmarinus officinalis*, frz.: Romarin) mit ihren breiten, weichen „Nadeln" und den zierlichen, hellblauen Lippenblüten, die man das ganze Jahr über finden kann, verbreiten ihre flüchtigen aromatischen Essenzen, wenn im Frühjahr oder Sommer die Atmosphäre überhitzt ist. Als Gewürz für Soßen ist der Rosmarin aus der provenzalischen Küche nicht wegzudenken. Der *Wilde Lavendel* oder *Schopflavendel (Lavandula stoechas*, frz.: Lavande des Iles) erinnert in seinem lateinischen Namen an die „Stoechaden", wie die Inseln zu griechischer Zeit hießen. Hier tritt der Wilde Lavendel massenhaft auf. Seine filzigen, grauen Blättchen riechen stark nach Kampfer. Er wächst nur auf kalkarmen Böden (Maures, Esterel). Seine kleinen, purpurnen Blütchen, die wie eine Ähre angeordnet sind und von violetten Deckblättern überragt werden, entwickeln sich umso schöner, je sonniger der Standort ist. Den Sträuchern des ebenfalls purpurblütigen *Katzenkrautes (Teucrium marum*, frz.: Herbe aux Chats oder Germandré de Mer) wird nachgesagt, daß ihre starken Ausdünstungen selbst auf Entfernung die Kater in einen rasenden Liebestaumel versetzen. Die Pflanze existiert lediglich auf den Inseln, die von dem versunkenen Kontinent der Tyrrhenis (vergl. S. 54) übrig geblieben sind: neben den Inseln von Hyères sind das Korsika, Sardinien und die Balearen. In das Konzert der Sommerdüfte mischen sich die süßlichen der weißen Blüten der *Myrte (Myrtus communis*, frz.: Myrte). Auch ihre glänzenden, ligusterähnlichen Blätter sind aromatisch. Die Myrte war in der Antike Symbol der Aphrodite und Fetisch der glücklich Liebenden. Auch heute noch ziert sie oft die Braut. Die im Dezember reifen, violetten, länglichen Beeren werden gern von Drosseln gefressen, die mit ihrem Kot für die Verbreitung der nicht verdauten Samenkörner sorgen. Auf Korsika wird ein beliebter Likör aus den Früchten hergestellt. Sie bilden auch die Basis für einen Aperitif-Wein.
Zu den aromatischen Pflanzen der Macchie gehört auch der *Mastixstrauch (Pistacia lentiscus*, frz.: Lentisque oder Pistachier méditerranéen), der hier auf der Insel wegen des günstigen Klimas größere Höhen erreicht als auf dem Festland. Wenn man die Pflanze zerreibt, verströmt sie einen Balsamduft. Im vorderen Orient wird ihr Harz als Kaugummi verwendet *(Mastix von Chios)*. Auch zu medizinischen Zwecken wird es eingesetzt. Zusammen mit den Mastixsträuchern findet man meist den *Ölbaum (Olea europea*, frz.: Olivier), die Charakterpflanze des gesamten Mittelmeerraumes. Neben verwilderten aus früheren Inselkulturen gibt es auch eine Wildform *(Olea silvestris*, frz.: Oléastre) mit kleineren, löffelförmigen Blättern. Zu den bemerkenswertesten Pflanzen der Macchie zählt die *Baumförmige Wolfsmilch (Euphorbia dendroides*, frz.: Euphorbe

arborescente). Die Wolfsmilchgewächse beziehen ihren Namen von einer milchartigen, giftigen Flüssigkeit, die sie in allen Organen führen. Die hier betrachtete Wolfsmilch bildet kugelförmige Büsche, die über 2 m Durchmesser erreichen können. Sie ist in ihrem Lebensrhythmus perfekt einem subtropischen Klima angepaßt: Zum Herbst, wenn hier im Raum die Niederschläge einsetzen, beginnen am Ende jedes Ästchens 2 beblätterte neue Äste zu sprießen, die bis zum Februar endständige Blütenstände ausgebildet haben. Im Frühjahr erfolgt die Befruchtung und Samenverbreitung. Gleichzeitig färben sich die Blättchen zu einem leuchtenden Rot. Wenn die große Hitze und Trockenheit des Sommers eintritt, sind die Blätter und Blütenstände bereits abgefallen. Die zurückgebliebenen kahlen Äste des Bäumchens, an deren Gabelungen man jetzt leicht sein Alter abzählen kann, bieten der gefährlichen Verdunstung kaum noch Oberfläche. Durch eine Art Sommerschlaf übersteht diese Pflanze die kritische heiße Phase des Jahres ohne Schwierigkeiten.
Wo im Bereich der Spritzwasser die Felsen auf den ersten Blick kahl und abgespült erscheinen, findet man bei genauerem Hinsehen eine Reihe von sog. salzliebenden Pflanzen, den *Halophyten*. Für sie ist die Gegenwart von Salz von existentieller Notwendigkeit. Da findet man die zierlichen Büschel der *Kleinen Strandnelke (Statice minute*, frz.: Petit Statice), deren zartviolette Blütenstände kontrastieren mit dem kräftigen Grün der in Rosetten angeordneten Blätter. Der *Meerfenchel (Crithmum maritimum*, frz.: Crithme Perce-pierre) vermag in seinen kurzen, fleischigen Blättern viel Wasser zu speichern und überlebt selbst in von der Sonne aufgeheizten Felsritzen. Wo die Salzzufuhr etwas geringer ist, lebt das *Zweifarben-Kreuzkraut (Senecio cineraria*, frz.: Cinéraire). Seine tiefeingeschnittenen Blätter sind von einem weißen Haarfilz überdeckt. So werden zu große Verdunstungsverluste vermieden.
Wer einen wunderschönen Spaziergang verbinden will mit dem Anliegen, möglichst viele der auf der Insel lebenden Pflanzen kennenzulernen, dem sei der *Botanische Lehrpfad* (frz.: Promenade Botanique) empfohlen. Er führt vom *Fort du Moulin* entlang der Nordküste bis zum Strand von *La Palu* (ca. 1 Std. Fußweg, vergl. Karte S. 38). Für den Rückweg gibt es zwei Varianten, eine längere durch das Inselinnere (ca. 90 Min.) und eine kürzere über das *Fort de l'Estissac* (ca. 1 Std.).

Das ***Dorf Port-Cros,***
das aus wenigen malerischen Häusern am mistralgeschützten Nordostufer einer seichten Bucht besteht, hat im Winter eine Einwohnerzahl unter 10. Von den Fischern, die einst hier lebten und arbeiteten, ist ein einziger übriggeblieben. Die anderen, die man noch in den Gewässern um Port-Cros in Wahrung alter Rechte – trotz des Nationalparks – im Einsatz sieht, kommen aus *Le Lavandou*, vom Festland. Und selbst dort gibt es nur noch ein Dutzend Berufsfischer.
Der im Winter total verlassene Weiler erlebt während der Sommersaison alltäglich Momente höchster Betriebsamkeit, wenn nämlich die schnellen Inselboote, die zwischen Insel und Festland pendeln, Tausende von Touristen für Stunden hier absetzen. Dann wartet ein ganzes Heer von Dienstleistenden darauf, die Wünsche der Ausflügler zu befriedigen. Viele von diesen halten sich nur im Bereich des Hafens und seiner engeren Umgebung auf. Ein kühler Drink wird im Schatten der hohen Palmen eingenommen, die Restaurants servieren provenzalische Spezialitäten, bei denen die Köstlichkeiten des Meeres natürlich im Vordergrund stehen. Souvenirläden versuchen, den kauflustig gestimmten Besuchern die unterschiedlichsten Reisemitbringsel schmackhaft zu machen: Neben Postkarten, Dias, Broschüren, Kleidungsstücken mit phantasievollen Aufdrukken verkauft man Artikel, die Meeresprodukte bzw. aus solchen hergestellt sind. Die angebotenen Korallen und Muscheln stammen aus allen Erdteilen, die wenigsten aus dem Mittelmeer. Zu den vielen Tagestouristen – 120000 sind es pro Saison – gesellen sich noch die Bewohner zahlreicher Yachten, die an den 2 Kais oder in der malerischen Hafenbucht festmachen. Damit dieser Aufenthalt nicht zu lange dauert und möglichst viele Sportboote die Gelegenheit zum Besuch von Port-Cros erhalten, steigen die Hafengebühren von recht niedrigen bei kurzem Aufenthalt zu „abstoßend" hohen bei längerem Verweilen.
Ein weiteres Regulativ besteht in der sehr beschränkten Ausgabe von *Süßwasser* pro Boot und Tag. Diese hat ihre Begründung allerdings in erster Linie im sommerlichen Trinkwassermangel der Insel. Es gibt nämlich keine Quellen auf ihr. Durch Brunnen werden die Grundwasserschichten angezapft. Geschieht dies in zu starkem Maße, wird Salzwasser in die wasserführenden Zonen gesogen. Das resultierende Brackwasser ist dann für den Menschen wertlos. Um den Grundwasserspiegel hoch zu halten und ein Abfließen des Wassers in Richtung Meer verhindern, wurde im *Vallon de la Solitude* (Tal der Einsamkeit) ein Stausee angelegt. Eine Meerwasser-Entsalzungsanlage muß beim sommerlichen Spitzenverbrauch an Wasser zur Entlastung der Brunnen zugeschaltet werden. Wegen des hohen Energiebedarfs der Installation ist diese Form der Wassergewinnung äußerst unrentabel.
Kurioserweise liegt in Port-Cros nicht, wie sonst üblich, „die Kirche im Dorf", sondern an seinem südlichen Ende. Das dem hl. Tropez geweihte malerische Kirchlein entstand 1866 aus einer militärischen Lagerhalle, an die man einen Glockenturm anbaute. Messen sind nur selten. Es gibt keinen Geistlichen am Ort, und die Gläubigen hier müssen vom Vikar von Porquerolles mitbetreut werden. Der Nationalpark nutzt den Raum im Sommer häufiger für Vortragsveranstaltungen im Rahmen seiner Bildungsarbeit.

Das ***Fort du Moulin*** (Mühlenfort)
direkt oberhalb des Hafens stammt in seiner heutigen Form erst aus dem Jahre 1841. Der von Franz I. im 16. Jh. vermutlich an der Stelle einer antiken Festung errichtete Vorgängerbau wurde 1793 von den Engländern vollständig zerstört (vergl. S. 61). Heute ist die Anlage teils privat, teils vom Nationalpark genutzt. Auf der Höhe des Forts befand sich in früheren Jahrhunderten auch das Dorf von Port-Cros. Wegen der häufigen Piratenüberfälle mußte einst eine strategisch günstigere Stelle für die Siedlung gewählt werden, als sie die heutige Lage des Ortes auf dem Küstensaum darstellt.
Nicht weit vom Fort nach Nordosten lohnt der verträumte kleine Friedhof einen Besuch. Hier finden seit langem die wenigen Einwohner der Insel ihre letzte Ruhe. Auch das Grab der Stifterin des Nationalparks, Madame Henry, liegt hier.

Das ***Fort de l'Estissac***
auf einem 108 m hohen Felsvorsprung im Nordosten des Ortes kann von diesem in einem bequemen, 20minütigen Fußweg über die *Route des Forts* erreicht werden. Wählt man den Weg über den lauschigen, wegen seiner herrlichen Aussichten auf das Meer lohnenden *Sentier Botanique* (Botanischer Lehrpfad), braucht man 10 Minuten länger, wird aber durch grandiose Naturerlebnisse entschädigt. Das Fort wurde im 17. Jh. von *Richelieu* erbaut und 1793 von den Engländern teilweise zerstört. Im Sommer führt der Nationalpark im mächtigen Zentralturm Ausstellungen durch. Im unteren Saal kann man in zahlreichen Aquarien die Schönheiten der Unterwasserwelt des Mittelmeeres bestaunen. Von der oberen Plattform genießt man einen unvergeßlichen Rundblick.

Das langgestreckte, mächtige ***Fort de l'Eminence,***das man vom *Fort du Moulin* in knapp 10 Min. über die Landstraße *Route des Forts* erreicht, ist moderner Konzeption und wurde erst 1875 fertiggestellt. Auch hier gab es einen Vorgänger aus dem 17. Jh., der ebenfalls im verhängnisvollen Jahr 1793 zusammen mit den vorgenannten Festungen in Schutt und Asche gelegt worden war. Das Fort wird zur Zeit restauriert mit dem Ziel, für Schulklassen vom Kontinent als Bildungszentrum im Naturkundeunterricht zu dienen. Diese Aktivitäten werden unter der Leitung des Nationalparks stehen.

Zum ***Fortin de la Vigie*** (kleines Küstenwachtfort)
auf dem Gipfel der Insel (199 m) sind es 30 Fußminuten von der *Eminence* aus über die *Route des Forts*. Napoleons Ingenieure legten 1810 den Grundstein zu dieser kleinen Festung, die heute von der Marine als Beobachtungs- und Leitstelle genutzt wird.

Das ***Fort de Port-Man*** auf der östlichsten Inselspitze datiert aus der 1. Hälfte des 16. Jahrhunderts. 90 Min. Fußmarsch sind erforderlich, um die in den letzten Jahren restaurierte Festung vom Dorf Port-Cros aus zu erreichen. Im Sommer wird diese für Gruppenaufenthalte insbesondere von Sporttauchern eingesetzt

(Zentrum der UCPA). Kurz vor der Anlage, am Südost-Ende der Bucht von Port-Man, stößt man auf die Reste einer alten Soda- und Pottaschefabrik. Die im letzten Jahrhundert hier von Marseiller Industriellen betriebene Produktion der beiden besonders für die Glas- und Seifenherstellung wichtigen Stoffe war mit solchen Umweltbelastungen verbunden, daß selbst die Nachbarinsel Le Levant noch in Mitleidenschaft gezogen wurde. Damals gingen speziell alle Kiefernarten in diesem Bereich zugrunde (vergl. auch S. 47 unter Porquerolles). Die Schäden sind zum Teil noch heute festzustellen, obwohl die Fabrik ihren Betrieb um die Jahrhundertwende bereits einstellte. Im übrigen bietet die Bucht von Port-Man heute ein herrliches Naturschauspiel mit weiten Ausblicken zur Küste der Maures.
Hat man für den Rückweg zum Dorf noch genügend Kraftreserven, bietet sich ein schattiger Weg über das *Plateau de la Marma* zum Strand von *La Palu* an. Von dort geht es dann über den Botanischen Lehrpfad zum Hafen zurück. Diese etwas weitere Route zurück (ca. 2 1/2 Std.) entschädigt den Wanderer durch das Erlebnis einer faszinierenden Naturlandschaft und eindrucksvoller Perspektiven.
Das Naturdenkmal ***Le Tuf*** (der Tuff, vergl. auch S. 25) erreicht man vom Weg nach *Port-Man* aus über einen in Serpentinen durch die bewachsene Südostwand führenden, wildromantischen Steig (Abstieg ca. 10 Min.). Die (übersehbare!) Abzweigung dieses Pfades vom Hauptweg *La Sardinière – Port Man* findet man zur Rechten auf einem kleinen Sattel etwa 15 Fußminuten hinter La Sardinière, 600 m hinter einem Wasserbehälter, den man zur Linken an einer Wegeinmündung gesehen hat.

Zwei Strände
ziehen im Sommer einen Teil der zahlreichen Tagesgäste magisch an: die *Plage du Sud* (Südstrand), die paradoxerweise im Westen liegt, und die *Plage de la Palu* (Sumpfstrand) im Norden. Beide sind feinsandig und bestehen hauptsächlich aus Verwitterungsstoffen der Glimmerschiefer.
Zur *Plage du Sud* gelangt man auf einem schattigen, meist ebenen Waldpfad, der längs der Norwestküste führt und schöne Ausblicke auf die Nachbarinsel *Bagaud* ermöglicht, in rd. 30 Min. In der Verlängerung des nach Norwesten offenen Strandes sinkt der Sandgrund nur sehr langsam ab. Auf halbem Wege zu diesem Strand bietet auch schon die *Anse de la Fausse Monnaie* (Falschgeldbucht) Gelegenheit zu einem Bad von einem flachen Sandufer aus.
Die *Plage de la Palu* begrenzt die weite Schwemmlandebene von *La Palu (palus* = lat. Sumpf, Morast) zum Meer hin. Ein Kranz von *Tamarisken (Tamarix gallica*, frz.: Tamaris), der die relativ schmale Sandzone am Wasser zur Insel hin abgrenzt, spendet den Badegästen bei der größten Tageshitze einen milden Schatten.
Wer diesen Strand aufsucht, sollte auf keinen Fall Tauchmaske und Schnorchel vergessen. Denn der „*Unterwasser-Lehrpfad*", der in der Bucht von *La Palu* vom Nationalpark abgesteckt wurde (vergl. S. 64), ist eine Attraktion. Er bietet eine phantastische Einführung bzw. eindrucksvolle Begegnung mit der vielfälti-

gen Lebewelt unter Wasser. Gerade diese Bucht ist ein Eldorado insbesondere für zahlreiche Fische des Felslitorals, die hier dem schnorchelnden Betrachter gegenüber relativ wenig Scheu zeigen.
Auf Port-Cros gibt es eine Vielzahl herrlicher ***Wanderwege*** mit einer Gesamtlänge von rd. 40 km. Man kann nur empfehlen, auf ihnen persönlich die Begegnung mit der abwechslungsreichen Landschaft, den Pflanzen und Tieren und der Geschichte, die sich in den Forts verkörpert, zu suchen. Abseits des Dorfes findet man hier selbst im Sommer Einsamkeit und Stille.
Ein Rundweg, der beglückende Naturerlebnisse vermittelt, sei besonders hervorgehoben: Man steigt durch das schattige *Tal der Einsamkeit (Vallon de la Solitude)* von der Hafenebene nach Südosten hoch zum *Sentier des Crêtes* (Gipfelpfad), der sich genau oberhalb der Kante des südwestlichen Steilabbruchs der Insel entlangzieht. Beim Aufstieg, für den man etwa 3/4 Std. rechnen muß, durchquert man einen der größten Steineichenwälder der Insel (frz: Yeuseraie). Wenn man den Gipfelpfad erreicht, kann man einen kurzen Abstecher nach links machen, wo man – vorbei an einem rechtsliegenden Hubschrauberlandeplatz – nach 500 m den höchsten Punkt der Insel mit dem *Fortin de la Vigie* erreicht.
Vom oberen *Vallon de la Solitude* aus folgt man dann wieder dem *Sentier des Crêtes* – jetzt in westlicher Richtung. Wenn man sich die Mühe macht und von Zeit zu Zeit mal ein paar Schritte nach links durch die Hochmacchie bis an die Steilkante unternimmt, genießt man großartige Ausblicke auf das Chaos der zerklüfteten Wände aus Glimmerschiefer, das vorgelagerte, fast vegetationslose Felseneiland von *La Gabinière* und das im Reflex des Mittagslichtes glitzernde Meer. Der Höhenweg führt unmittelbar am Gipfel des *Mont Vinaigre* (Essigberg) vorbei, der mit 194 m zu den höchsten Punkten der Insel zählt. Falls die Kräfte nachlassen, kann man die Westspitze der Insel *(Pointe du Cognet)* vermeiden und durch den *Vallon du Janet* (Tal des Janet) direkt absteigen zur *Plage du Sud* (vergl. S. 36), (Fußweg La Vigie – Plage du Sud rd. 75 Min). Hier kann ein Bad im kristallklaren Wasser nach der anstrengenden Wanderung die Lebensgeister wieder wecken. Der halbstündige Heimweg zum Hafen ist wenig beschwerlich. Er vervollständigt das Naturerlebnis dieses abwechslungsreichen Rundkurses.

Das ***Manoir d'Hélène*** (Herrenhaus der Helene)
am südöstlichen Dorfrand wurde im 19. Jh. durch den Herzog von Vicenza erbaut, der damals der Inselbesitzer war. Das Haus, das heute ein Nobelhotel ist, leitet seinen Namen von der Heldin des Romans "Jean d'Agrève" her, der das literarisch bedeutendste Werk über Port-Cros bildet.
Der Dichter *Eugène Melchior de Vogué* läßt 1897 Jean und Hélène auf der paradiesischen Insel das tragische Glück von Tristan und Isolde erfahren.
Noch zahlreiche andere Schriftsteller haben den unvergleichlichen Charme der Insel in ihren Werken aufleben bzw. sich durch ihn inspirieren lassen. Die meisten von ihnen bezogen vorübergehend Wohnung im Manoir.

Botanischer und Unterwasser-Lehrpfad von PORT-CROS

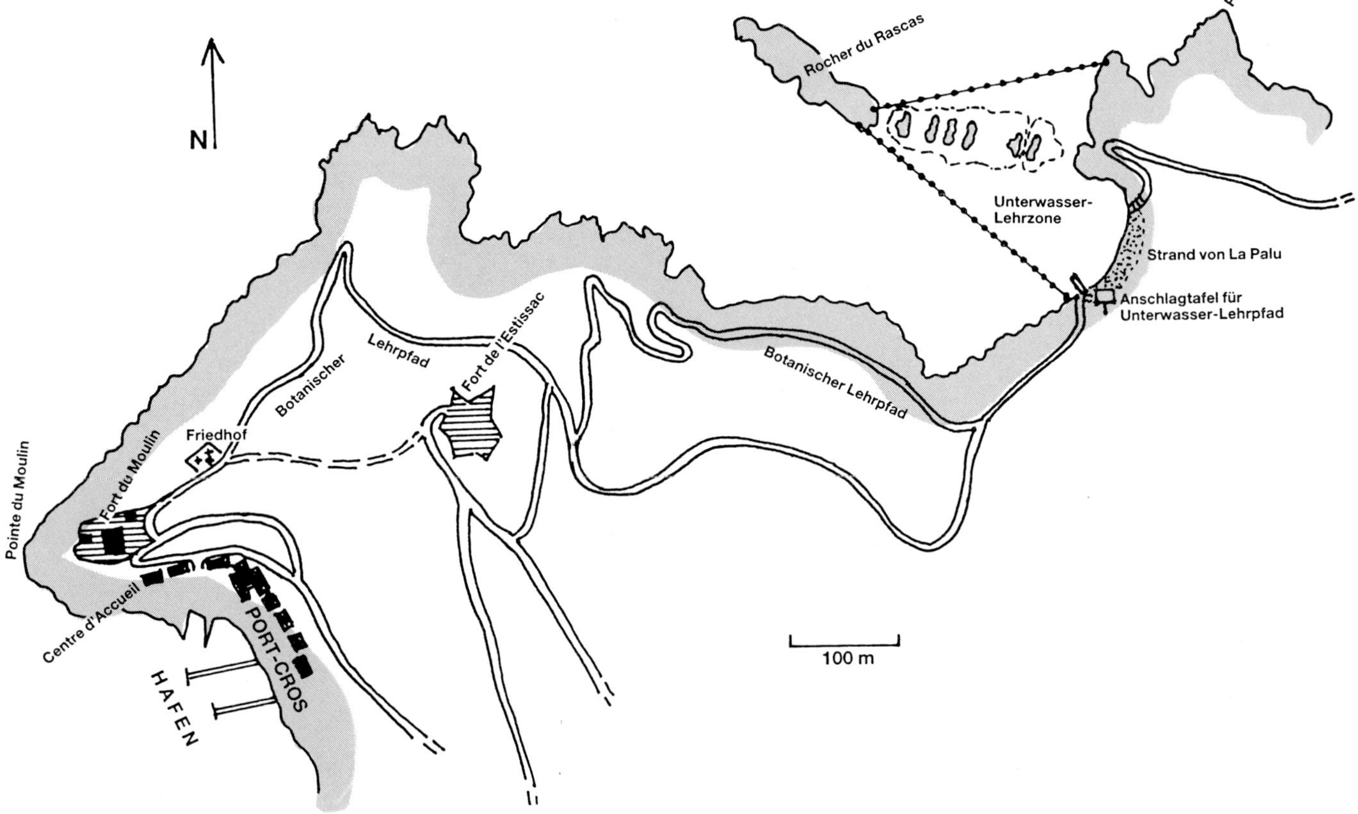

Bagaud

Diese unbewohnte Insel schirmt die Bucht von Port-Cros nach Westen ab. Ein felsiges, von meist niedriger Vegetation überzogenes Band von 1,7 km Länge und einer durchschnittlichen Breite von 400 m erreicht an seiner höchsten Stelle gerade 59 m.

Zwischen 1841 und 1861 wurden hier vier befestige Geschützstellungen angelegt *(Batterie de l'Est, B. du Centre, B. du Sud, B. du Nord)*, von denen die beiden letzten regelrechte kleine Forts sind. Die Insel ist Eigentum der französischen Marine. Sie ist integriert in den Nationalpark von Port-Cros. (vergl. nachstehend). Ihr Inneres darf nicht betreten werden. Sie soll den Charakter eines Reservates behalten. Insbesondere das Gebiet um das *Südkap (Pointe de Guérétion)* wird von zahlreichen Wasservögeln zum Nisten und von Zugvögeln als Absteige genutzt.

Der Nationalpark von Port-Cros

Aufgrund einer Stiftung (vergl. S. 62 ff.) wurde am 14. Dezember 1963 auf Port-Cros durch staatliches Dekret der erste europäische „Unter- und Überwasser-Nationalpark" ins Leben gerufen. Er umfaßt 700 ha Inselfläche und eine Wasserzone von 1200 ha. Letztere kommt dadurch zustande, daß um Port-Cros und seine Nachbarinseln Bagaud und La Gabinière ein 600 m breiter Meeresstreifen zur Schutzzone erklärt und durch Bojen gekennzeichnet wurde. Insgesamt 22 km meist felsiger Steilküsten fallen zu diesem Seebereich ab.

„Nationalpark" bedeutet n i c h t , daß es sich um einen geschlossenen Sektor handelt, dessen Zugang bestimmten Beschränkungen unterworfen ist bzw. durch Gebührenentrichtung erkauft werden muß. Es handelt sich weder um einen Zoo, noch um ein Touristenzentrum. Der Nationalpark von Port-Cros hat sich folgende vier Hauptaufgaben gesetzt:

1. Schutz von terrestrischer und mariner Fauna und Flora
2. Empfang und Unterrichtung in Fragen der Natur- und Regionalkunde von jeglicher Art interessierter Besucher
3. wissenschaftliche Beobachtungen und Forschungen
4. Teilnahme am Leben des Dorfes.

Es gibt keine Beschränkung der Zahl der Personen, die Port-Cros besuchen dürfen. Auch können sich die Gäste auf der Insel und in ihren angrenzenden Gewässern frei bewegen. Lediglich das Innere der Insel Bagaud (vergl. oben) ist vom Zutritt ausgenommen, da sie Reservatcharakter hat. Die Pflanzen und Tiere der Unterwasserwelt um Port-Cros sind typisch für die Gründe des westlichen Mittelmeeres und zeigen, dank der Schutzmaßnahmen und kaum vorhandener Umweltbelastungen, heute noch einen Reichtum, wie er vor 40 Jahren auch an den Festlandsküsten angetroffen werden konnte.

An Besonderheiten sind beispielsweise die vielen, bis 1,50 m großen *Zackenbarsche (Serranus gigas*, frz.: Mérou) an der Südküste von Port-Cros und um La Gabinière zu erwähnen sowie das Barrier-Riff aus *Neptunsgras (Posidonia oceanica*, frz.: Posidonie) mit Seegraswiesen bis zur Wasseroberfläche im inneren, für den Bootsverkehr gesperrten, Teil der Bucht von Port-Cros.

Damit der Nationalpark seine Aufgaben wahrnehmen kann, müssen **die Besucher ihre Mitverantwortung erkennen** und gewisse Verhaltensregeln und Vorschriften strikt beachten. Nicht geduldet werden im Nationalpark z.B. das Campieren oder Biwakieren, das Sammeln von Früchten, Blumen, Sträuchern oder Mineralien, das Rauchen und die Entzündung von Feuer außerhalb bewohnter Stätten, das Wegwerfen von Abfällen (im Hafen gibt es dafür Behälter!) und die Erzeugung von Lärm. Schleppfischerei, Unterwasserjagd und jede Art von Fischerei, die im Schwimmen ausgeübt wird, sind verboten.
Bootsführer sollten daran denken, daß auch die Anker beträchtliche Schäden am Bodenbewuchs anrichten können (vergl. auch S. 88 und Abb. S. 91). Wo das Ankern nicht durch anderweitiges Festmachen ersetzt werden kann, sollte der Grund vorher inspiziert und geeignet gewählt werden. Eine Tauchermaske an Bord kann hierbei wertvolle Dienste leisten.
Auch die *Landbesitzer* auf Port-Cros, nur 1/3 des Geländes gehört dem Nationalpark, sind logischerweise bestimmten Beschränkungen in der Nutzung ihrer Grundstücke unterworfen. Desgleichen können auch die Gebäude der Insel aus Gründen des Denkmalschutzes nicht in ihrem Äußeren ohne weiteres verändert werden.
Wer Port-Cros oder seinen Gewässern einen Besuch abstattet, sollte nicht versäumen, das *Centre d'Accueil* (Besucherzentrum) des Nationalparks in der Nordwestecke des Hafens aufzusuchen. Hier kann man Landkarten, Führer, Dias und Postkarten über Port-Cros und die anderen Inseln von Hyères in großer Auswahl und guter Qualität erwerben. Mitarbeiter des Parks erteilen gerne mündliche Auskünfte und geben Tips für Wanderungen. Gruppen können sich z.B. auch auf dem Botanischen Lehrpfad führen lassen.
Telefonische Auskünfte und Anmeldungen: Centre d'Accueil de Port-Cros, Tel. 94 05 90 17.
Wer sich mit Hilfe weiterführender Literatur auf einen Inselbesuch vorbereiten, einen solchen „nachbereiten" oder mehr über die Tiere, Pflanzen und die Historie der Inseln wissen will, sei auf die ausgezeichneten Buchveröffentlichungen des Nationalparks hingewiesen. Diese Broschüren findet man ebenfalls im Centre d'Accueil. Eine Publikationsliste sowie die Bücher selbst können auch bezogen werden über die Verwaltung des „Parc National de Port-Cros", 50, av. Gambetta, F-83400 Hyères, Tel. 94 65 32 98 und 94 65 40 13.

Wichtiger Hinweis! Das Ankern ist neuerdings in bestimmten Bereichen der Meereszonen des Nationalparks verboten.
Informieren Sie sich über die diesbezüglichen Erlasse!

Das Dorfkirchlein von Porquerolles, überragt vom trutzigen Fort Sainte-Agathe

Porquerolles

Sichelförmig liegt die größte und am stärksten besiedelte der Inseln von Hyères vor dem Festland. Sie begrenzt die Bucht von Hyères in natürlicher Weise nach Süden. Etwa 2,5 km ist ihre Westspitze von der Halbinsel Giens entfernt, deren geologische Fortsetzung nach Südosten Porquerolles bildet. Etwa 7,5 zu 2 km betragen die Ausmaße dieser Insel. Rd. 29 km mißt die zerrissene Küstenlinie. Doch die Insel ist klein genug, so daß man jeden Punkt leicht vom zentral an der Nordküste gelegenen Hafen und Dorf *Porquerolles* zu Fuß oder – was sehr beliebt ist – mit gemietetem Fahrrad erreichen kann.

Vermutlich ist sie die Insel, die von den griechischen Siedlern einst *Protae*, die Erste, genannt worden war. Zum Ursprung des heutigen Namens gibt es viele, aber kaum überzeugende Erklärungen: „Olla", gallisch-römische Töpferwaren, in Verbindung mit „Port" würde „Töpferhafen" bedeuten. „Cayrola" oder im heutigen Provenzalisch „Cairelet" ist der heimische Name für *Lavandula stoechas*, dem nach den Stoechaden benannten, hier weit verbreiteten *Schopflavendel*, so daß „Lavendelhafen" eine sehr poetische Interpretation wäre. Auch das keltische Wort „Quair, Caer" für Felsen wird herangezogen. „Felsenhafen" könnte dem dominierenden Charakter der Inselküste entsprechen.

5 bewaldete Hügelketten, die quer zur Hauptachse der Insel in Nord-Süd-Richtung verlaufen, gliedern die Oberfläche und schließen vier landwirtschaftlich genutzte Hochebenen ein: von Ost nach West die *Plaine de Notre Dame*, *Plaine de*

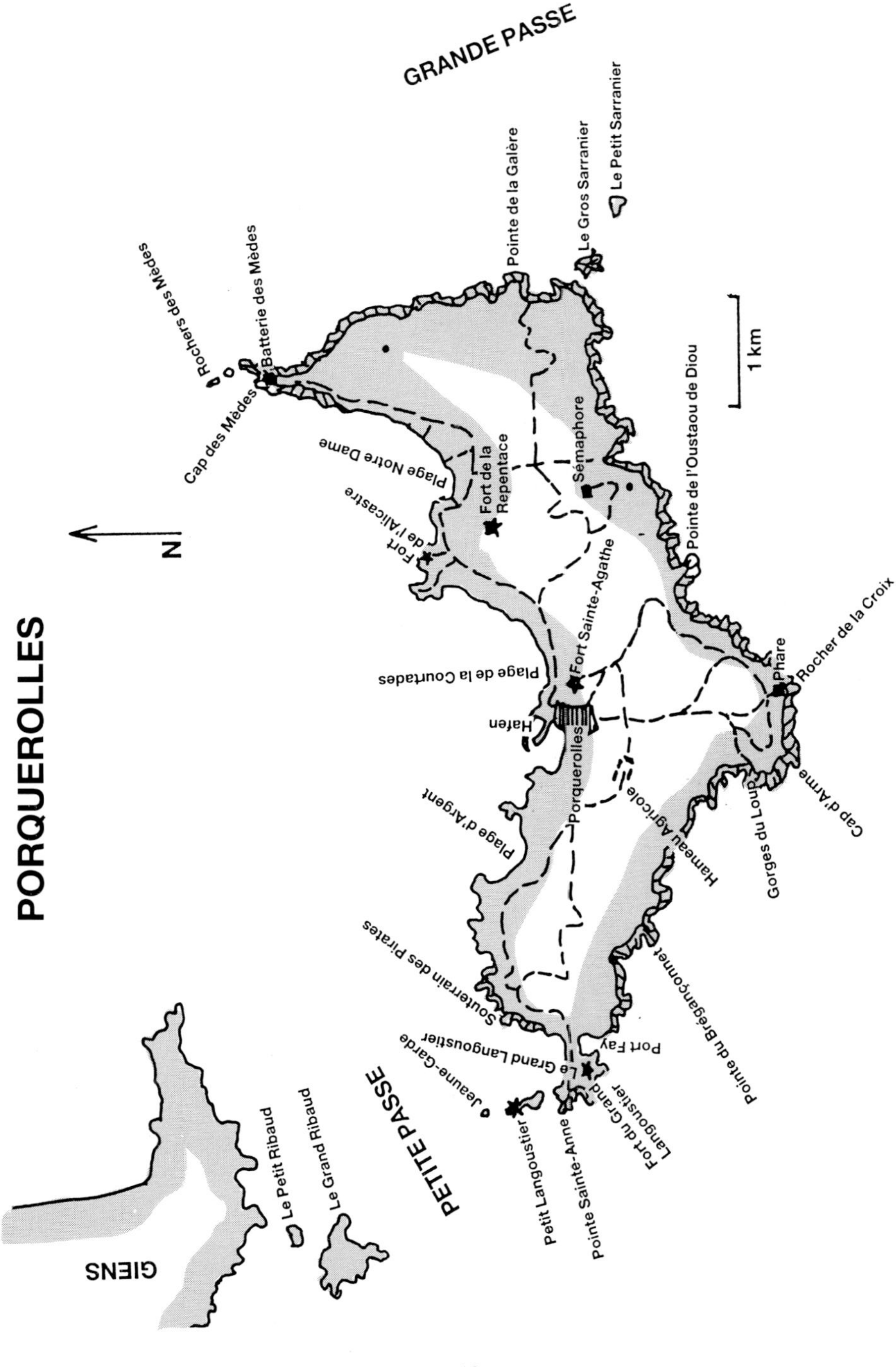
PORQUEROLLES
N
GRANDE PASSE
PETITE PASSE
GIENS
1 km
Rochers des Mèdes
Batterie des Mèdes
Cap des Mèdes
Pointe de la Galère
Le Gros Sarranier
Le Petit Sarranier
Plage Notre Dame
Fort de la Repentace
Fort de l'Alicastre
Sémaphore
Pointe de l'Oustaou de Diou
Fort Sainte-Agathe
Plage de la Courtades
Hafen
Porquerolles
Phare
Rocher de la Croix
Cap d'Arme
Gorges du Loup
Hameau Agricole
Plage d'Argent
Souterrain des Pirates
Pointe du Bréganconnet
Port Fay
Le Grand Langoustier
Fort du Grand Langoustier
Jeanne-Garde
Petit Langoustier
Pointe Sainte-Anne
Le Petit Ribaud
Le Grand Ribaud

la Courtade, Plaine de Porquerolles und *Plaine de Bréganconnet*. Während die Nordküste eine Reihe von seichten Buchten mit feinsandigen Stränden *(Plage de Notre Dame, Plage du Lequin, Plage de la Courtade, Plage d'Argent, Plage du Grand Langoustier)* aufweist, zu denen das Gelände sanft abfällt, wird die Südbegrenzung meist durch hohe Felswände gebildet. Zugänge zum Meer findet man hier nur in einigen engen, kleinen Fjorden (frz.: Calanques), und die Wege sind meist nur für Fußgänger (oder evtl. Radler) passierbar, für diese allerdings ohne größere Schwierigkeiten und mit dem Genuß einer urwüchsigen Landschaft sowie herrlicher Ausblicke.
Die *Aleppokiefer*, der Hauptbaum der Insel, bildet ausgedehnte Wälder. Sie reicht bis an die Strände und wagt sich bisweilen noch in die Steilabbrüche zum Meer. *Palme* und *Eukalyptus* sind besonders in den von Menschen bewohnten Teilen der Insel anzutreffen: der engeren Umgebung des Dorfes Porquerolles.
Eine üppige Mittelmeerfauna (vergl. auch S. 29 unter Port-Cros) aus *Baumheide, Erdbeerbäumen, Ölbäumen, Rosmarinbüschen, Zistrosen, Myrten* und einer Vielzahl anderer aromatischer Sträucher bedecken die nicht kultivierten Flächen. Das sind rd. 80 % der Insel. Ein relativ hoher Grundwasserspiegel das ganze Jahr über erklärt das Florieren der natürlichen Vegetation.
Bei den Kulturen spielen der *Wein* und *Zitrusfrüchte* eine gewisse Rolle.
Die hauptsächlich aus *Phyllit*, einem leicht metamorphen, schiefrigen Gestein mit seidigem Glimmerglanz, aufgebaute Insel erreicht ihren höchsten Punkt mit 140 m im Ostteil nahe dem *Sémaphore* (ehem. Zeichen-Telegraph für die Seefahrt). Die großen Ebenen bestehen aus Anschwemmungen von sandigem Abtragungsmaterial (Quarz-, Phyllitpartikel) der begrenzenden Gebirgsketten.

Das Dorf

1820 – 25 hatte Napoleon I. hier seine Veteranen und Kriegsverwundeten angesiedelt und ihnen die Häuser im Schutze des *Fort Sainte-Agathe* als unveräußerliches Eigentum übermacht. Die Gebäude waren ebenerdig, um das Schußfeld der Festung nicht einzuengen. Heute verfügt das Dorf, das am Rande einer halbkreisförmigen Bucht liegt und der Insel ihren jetzigen Namen gab, über eine Kirche, eine Reihe von Hotels und Restaurants sowie über Geschäfte für die Artikel des täglichen Bedarfs der 5OO ständigen Einwohner und der im Sommer zusätzlichen 2000 Urlauber, 2000 Bootsbewohner und 6000 Tagestouristen.

Die meisten Häuser gruppieren sich um die *Place d'Armes* (Waffenplatz), den zentralen Dorfplatz mit dem Gotteshaus *Sainte-Anne* von 1850. In diesem fällt ein eigenartiger Kreuzweg auf, der 1868 von dem verwundeten Afrikakämpfer Joseph Vagnier mit einem einfachen Messer aus Nußholz für diese ursprüngliche Militärkapelle geschnitzt wurde. So darf auch der kriegerische Altarschmuck nicht verwundern.
Im Hafen verschwinden die Boote der wenigen, noch im Dorf wohnenden Fischer in der Masse der Yachten, die insbesondere in der warmen Jahreszeit hier Station machen.

Das ***Fort Sainte-Agathe,***ein wuchtiger Bau aus dem 16. Jh., überragt den Ort. Heute ist hier ein Museum, dessen Ausstellungsstücke der Geschichte der Region, der Seefahrt im Mittelmeer und insbesondere der Unterwasser-Archäologie gewidmet sind. Ein leichter Aufstieg zu Fuß führt in 10 Min. von der *Place d'Armes* zu der Festung, von deren Plattformen herrliche Ausblicke über die Inseln und zum Festland genossen werden können.

Hafen und Dorf Porquerolles werden überragt vom Fort Sainte-Agathe

Das *Fort von Alicastre* wurde 1633 auf Veranlassung von *Richelieu* gebaut. Man findet es auf der gleichnamigen Spitze (frz.: Pointe) im Nordostteil der Insel (ca. 90 Min. Fußweg hin u. zur.). Den Namen leiten die einen von einem ominösen Sarazenenfürsten Ali (Ali castrum = Schloß des Ali) her. Die anderen führen ihn auf ein drachenartiges Fabeltier, die „Lycastre“, zurück, das hier nach der Volkssage aus den Fluten des Meeres aufzutauchen pflegte und die Inselbewohner tyrannisierte und infolge seines gewaltigen Appetits dezimierte. Ein Ritter, dessen Schiff auf der Heimfahrt vom Heiligen Lande in einem schweren Sturm hier zu Bruch ging und der als einziger gerettet wurde, durchbohrte, dank göttlichen Schutzes, mit seiner Lanze das Ungeheuer und traf es tödlich. So wurden

die Bewohner Porquerolles von der schrecklichen Heimsuchung befreit. Es handelt sich hier um einen Sagenstoff, der an die Geschichte des Drachentöters St. Georg erinnert.
Hier im Fort soll vorübergehend der „Mann mit der Eisernen Maske" eingekerkert gewesen sein, als man ihn vom *Château d'If* bei Marseille zur Insel *Sainte-Marguérite* bei Cannes überführte. Die Identität dieses geheimnisvollen politischen Gefangenen aus der Zeit Ludwigs XIV. ist bis heute noch nicht geklärt.

Das ***Fort du Grand Langoustier*** auf einer kleinen Halbinsel im äußersten Westen von Porquerolles wurde ebenfalls von *Richelieu* 1633 erbaut. Seine von Ranken und Sträuchern überwucherten Ruinen geben noch heute einen plastischen Eindruck von den einstigen Ausmaßen und Bautechniken. Der Weg hierhin führt entweder durch das Inselinnere oder längs der Nordküste (flachere Wegführung!). Man kann fast 3 Stunden rechnen für Hin- und Rückweg. Vom Fort oder der nordwestlich gelegenen *Pointe Sainte-Anne* bietet sich ein faszinierender Ausblick auf das ebenfalls mit einem Fort gekrönte Inselchen des *Petit Langoustier* und die Riffe am Leuchtturm *Jeaune-Garde*, über die *Petite Passe* zu den Inseln *Grand Ribaud* und *Petit Ribaud* sowie nach *Giens*. Dieser ist besonders in den Abendstunden unvergleichlich.

Der ***Leuchtturm*** (Le Phare) aus dem Jahre 1837 in 60 m Höhe auf der äußersten Südspitze der Insel ist vom Dorf auf einer Fahrstraße ohne große Mühen zu erreichen (80 Min. zu Fuß hin u. zur.). Eine Besichtigung ist möglich. Seine Reichweite beträgt bei klarer Sicht über 60 km. Wer hier an der steilen Abbruchkante der Insel nicht wagt, den Blick in die schwindelerregende Tiefe auf die zerborstenen Felswände und das tiefblaue Meer zu richten, wird durch den Rundblick über die hügelige, bewaldete Insel und hinüber zum Massiv der Maures auf dem Festland entschädigt. Naturfreunde werden den Heimweg zum Dorf über schmale Pfade wählen, die vom Leuchtturm aus erst der zerklüfteten Küstenlinie folgen – entweder nach Osten in Richtung der *Calanque de l'Indienne* oder nach Westen zum *Cap d'Arme* – und dann durch duftende Macchie wieder nach Norden führen.

Der ***Hameau Agricole*** (landwirtschaftlicher Weiler) südwestlich des Dorfes Porquerolles ist eine Gruppierung von Einrichtungen, die alle dem Schutz der Natur bzw. der Wiederherstellung natürlicher Lebensbedingungen für Flora und Fauna des mediterranen Raumes dienen. Gleichzeitig machen sie die Ergebnisse ihrer Untersuchungen einer breiten Öffentlichkeit bekannt, verständlich und in gewissem Rahmen sogar nutzbar. So verfolgt z.B. das hier seit 1979 angesiedelte „*Conservatoire Botanique*" (180 ha) das Ziel, bedrohte Mittelmeerpflanzenarten zu ermitteln, unter den besonders günstigen klimatischen Bedingungen der Insel zu züchten und ihre Neuverbreitung auf dem Kontinent zu betreiben. Auch in Frankreich bereits ausgestorbenen Arten (rd. 30 seit Beginn des Jh.) gelten Zuchtversuche. Außerdem werden Wildpflanzen auf wirtschaftliche Nutzbarkeit geprüft.

Auch im *Umweltschutz* nimmt der Hameau eine führende Rolle ein: Kein Tropfen Abfallwassers wird auf Porquerolles ins Meer geleitet. Nach physikalisch-chemischer Klärung erfolgt seine biologische Aufbereitung in Setzteichen (frz.: Les Lagunes). Danach wird es zur Bewässerung der Kulturen verwendet. So wird das kostbare Trinkwasser, das durch Grundwasserbrunnen gewonnen werden muß, geschont. Ganzjährig wasserführende Bäche oder Quellen gibt es auf Porquerolles nicht. Wenn, was im Sommer wegen der hohen Besucherzahl in der Vergangenheit oft geschah, zuviel Grundwasser gefördert wurde, wies dieses durch „Ansaugen" von Meerwasser häufig einen zu hohen Salzgehalt auf. Dieser Mangel konnte durch die Mehrfachnutzung des Wassers behoben werden. Heute lebt die Insel autonom ohne eine Trinkwasserzufuhr von außen.
Hausabfälle, die sich nicht zur Kompostierung eignen, aber brennbar sind, sowie größeres Unterholz, das man zur Minderung der Waldbrandgefahr entfernt hat, werden im Heizwerk des Hameau Agricole zur Energiegewinnung genutzt. Die hier durchgeführten Versuche zur Abfallbeseitigung bzw. -wiederverwertung könnten richtungsweisend sein für viele Mittelmeeranrainerstaaten bei dem Bemühen, die Belastung des Meeres durch Umwelteinflüsse zu verringern.

Strände und Felsbuchten laden zum Baden, Schnorcheln und Tauchen im kristallklaren Wasser ein. Alle sind auf meist schattigen Wanderwegen vom Dorf Porquerolles leicht zu Fuß zu erreichen. Wer nur über wenig Zeit verfügt und dennoch einen größeren Teil der Insel entdecken möchte oder wer sein Gepäck etwas reichlich bemessen hat, tut gut daran, sich im Dorf bei einem der zahlreichen Vermieter ein Rad zu mieten. Dicke Bereifung ist bei den steinigen Wegen vorteilhaft, und daß die Bremsen auch funktionieren, sollte man als erstes überprüfen. Wenn die Beschaffenheit der Pfade stellenweise zum Absteigen und Schieben des Rades zwingt, wird dies als willkommene Entlastung für die hart beanspruchte Sitzfläche in Kauf genommen. Die größten Strecken wird man jedoch „sitzend und und in die Pedale tretend" zurücklegen können. Nachstehend einige Einzelheiten zu den Stränden:
Die *Plage d'Argent* (Silberstrand) westlich von Porquerolles zwischen der *Pointe du Bon Renaud* und der *Pointe Prime* verdankt ihren Namen wahrscheinlich ihrem feinen, weißen Quarzsand. Sie liegt besonders malerisch.
Die *Plage de la Courtade* und *Plage du Lequin* östlich des Dorfes sind diesem am nächsten und bilden zusammen den längsten Sandstrand der Insel.
Die *Plage Notre Dame*, ein geschwungener Sandstrand im Nordosten, ist in einstündigem Fußmarsch zu erreichen. Der Name, wie auch der der angrenzenden Ebene, geht zurück auf die Mönche von Lérins (vergl. S. 58), die vom 5. – 12. Jh. auf den Inseln von Hyères Klöster unterhielten.
Von diesem Strand bietet sich ein herrlicher Blick auf das wildzerklüftete *Cap* und die vorgelagerten *Rochers des Mèdes* (Mederkap, Mederfelsen). Letztere wurden früher als Übungsziele für Schiffsgeschütze benutzt. Die alte napoleonische Geschützstellung *(Batterie des Mèdes)*, welche die äußerste Inselspitze einnimmt, ist auch heute noch militärisch besetzt. Daher ist das Cap des Mèdes für Zivilisten gesperrt. Allerdings kann die bekannte Grotte per Boot besichtigt werden.

Vor allen genannten Stränden fällt der Untergrund sehr seicht ins Meer ab. Er besteht zunächst aus einem breiten Streifen unbewachsenen Fließsandes, an den sich bei 3 – 5 m Tiefe *Posidonienwiesen* anschließen. Diese bilden nach Norden praktisch eine geschlossene Überdeckung der Bucht von Hyères.
Die *Ost-* und *Südküste* bieten eine Reihe von kleinen Felsbuchten (Calanques), die bei Schnorchlern und Tauchern beliebt sind wegen ihres klaren Wassers und des vielfältigen Bewuchses der meist steilabfallenden Wände. Die Blockgründe (vergl. S. 77) an ihrer Basis sind ein Eldorado für zahlreiche Felsenfische. Korallengrund (vergl. S. 81) in 20 – 25 m Tiefe wird den Taucher durch seine Farbigkeit und die vielen hier seßhaften Kleinlebewesen begeistern. Manche der Buchten sind von der Landseite ohne gefährliche Klettereien zu erreichen, z.B. die *Plage de la Galère* im Osten mit ihrem schönen Ausblick auf die Inseln *Gros Sarranier* und *Petit Sarranier*, die beliebte *Calanque de l'Oustaou de Diou* (C. des Hauses Gottes), die nach Westen geöffnete malerische *Gorge du Loup* (Wolfsschlucht) im Süden der Insel und die längliche *Calanque de Brégançonnet* im Südwesten. Die meisten Buchten sind aber nur per Boot zu erreichen. Wegen ihrer Schönheit sind sie im Sommer das Ziel zahlreicher Yachten, die hier vor Anker gehen.

Souterrain des Pirates (Piratenstollen) nennen die Einheimischen einen treppenförmigen Tunnel nördlich des Isthmus des Grand Langoustier. Hier sollen Seeräuber über Jahrhunderte ihre Beute zwischengelagert haben.

Frühe Industrieansiedlung und Umweltschäden

Im Jahre 1790 hatte der französische Arzt und Chemiker *Leblanc* das später nach ihm benannte Verfahren zur ersten fabrikmäßigen Herstellung von *Soda* entwickelt. Dieses wichtige Salz wird benötigt z.B. bei der Erzeugung von Glas und Seife, beim Färben, Bleichen und Gerben, bei der Papierproduktion sowie der Erzaufbereitung. Kochsalz wird mit Schwefelsäure erhitzt und dabei in Natriumsulfat umgewandelt (für Kenner: $2\ NaCl + H_2SO_4 \rightarrow Na_2SO_4 + 2\ HCl$). Dieses wird mit Kohle und Kalkstein gebrannt („kalziniert"), wobei die gewünschte Soda (Na_2CO_3) und Calciumsulfid (CaS) entstehen. Dies Verfahren bildete den Grundstein zur chemischen Großindustrie, die anfallende Salzsäure die Basis für die Chlorindustrie.
In der damaligen Industrialisierungs-Euphorie wurden auch auf den Inseln von Hyères Sodafabriken angelegt. Östlich des Isthmus des Grand Langoustier errichteten 1828, nur 8 Jahre nach der Gründung des Dorfes Porquerolles, *Gazzino* und *Rolland* ein solches Werk, das bis zu 150 Arbeiter beschäftigte, eine im Verhältnis zur Bevölkerung der Insel enorm hohe Zahl. Meersalz wurde hauptsächlich aus den Salinen von Hyères (vergl. S. 48) angeliefert, die Holzkohle zum Brennen stammte aus den dichten Wäldern der Insel selbst. Von *Port Fay* aus verschiffte man die erzeugten Produkte direkt nach Marseille. Doch die ausländische Konkurrenz wurde insbesondere nach der Erfindung des rentableren *Solvay-Verfahrens* zur Sodaherstellung in der Mitte des 19. Jh. so erdrückend, daß das Unternehmen 1876 seine Pforten schließen mußte.

Die fürchterlichen Umweltschäden, die seinerzeit durch die Einwirkung der Säuren entstanden, sind weitgehend ausgeglichen. Damals wurde der gesamte Bewuchs des Westteiles der Insel vernichtet. Während jedoch der Strand auf der Nordseite des Isthmus von Langoustier heute hell leuchtet *(Plage blanche* = weißer Strand), ist der auf der Südseite zum *Port Fay* durch Asche und Schlakken immer noch dunkel gefärbt *(Plage noire* = schwarzer Strand) und wenig zum Baden einladend.

Die Halbinsel von Giens

Der weitausladende Vorsprung vor der Küste des Var besteht aus einer ehemaligen Felseninsel und 2 Sandzungen, die jene heute mit dem Festland verbinden. Das westliche Band, über das eine bei Sturm oft überflutete Straße führt, die *Route du Sel* (Salzstraße), ist im Mittel nur rd. 50 m breit. Es ist aus Kieseln, Muschelbruch und grobem Sand aufgebaut. Die östliche Verbindung besteht aus feinsandigen Dünen, deren Material aus Anschwemmungen des östlich von Hyères mündenden Gapeau stammt. Dieser 250 – 400 m breite Streifen ist bewachsen mit Schirmpinienhainen. An einigen Stellen ist er dicht besiedelt (Ortschaft *La Capte*, Wohngebiet von *Hyères Plage* und *La Bergerie)*. Über ihn führt die Hauptstraße von Hyères nach *Giens* und *La Tour Fondue*, die D 97. Das Sumpfgebiet zwischen den beiden Verbindungsdämmen wird im Nordteil heute eingenommen von den *Salins des Pesquiers*, den einzigen noch ausgebeuteten Meersalz-Gewinnungsanlagen der Côte d'Azur.
Auf mehr als 500 ha wird hier seit dem 15. Jh. Meerwasser in rechteckige Becken eingelassen. Durch die Sonnenenergie wird es zum Verdunsten gebracht. Die Flüssigkeitsverluste werden durch Meerwasser ersetzt, bis sich eine hinreichend hochkonzentrierte Sole gebildet hat. Nach Verdunsten des Restwassers kann das kristallisierte Rohsalz abgeschürft werden. Die Jahresproduktion der Salins des Pesquiers liegt bei 150 000 Zentnern.
Südlich an die Salzfelder grenzt der Binnensee *Etang des Pesquiers*, der zu einem Rückzugs- und Lebensraum für zahlreiche Flamingos geworden ist.

S. 50 o.: In der Bucht von La Palu an der Nordküste von Port-Cros befindet sich zwischen dem Sandstrand und dem vorgelagerten Rascas-Eiland ein Unterwasserlehrpfad, der zwischen zahlreichen Riffen eine faszinierende Fauna und Flora vorstellt.

S. 50 u.: Der Hafen von Porquerolles vom Fort Sainte-Agathe aus. Blick über die Petite Passe mit den Inseln Grand und Petit Ribaud auf die Hügelkette von Giens.

S. 51 o.: Im Etang des Pesquiers, einem Binnensee nördlich von Giens, haben Flamingoscharen eine Zuflucht gefunden – ungeachtet der Nähe der Behausungen der Menschen.

S. 51 u.: In den Salinen von Pesquiers wird seit vielen Jahrhunderten Meersalz gewonnen.

GIENS

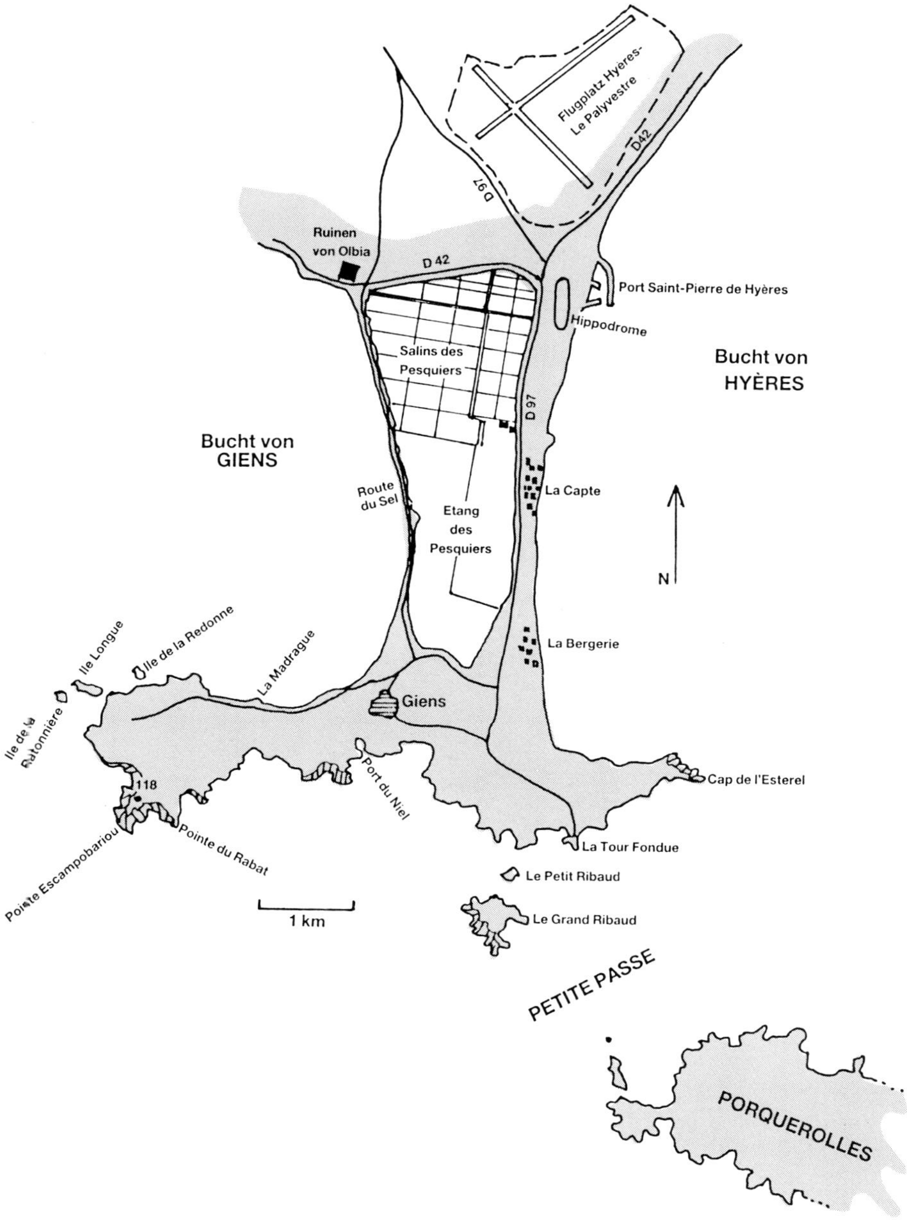

Flugplatz Hyères-
Le Palyvestre
D42
D 97
Ruinen
von Olbia
D 42
Port Saint-Pierre de Hyères
Hippodrome
Bucht von
HYÈRES
Salins des
Pesquiers
D 97
Bucht von
GIENS
La Capte
Route
du Sel
Etang
des
Pesquiers
N
La Bergerie
Ile de la Redonne
Ile Longue
La Madrague
Giens
Ile de la
Ratonnière
118
Port du Niel
Cap de l'Esterel
Pointe Escampobariou
Pointe du Rabat
La Tour Fondue
Le Petit Ribaud
1 km
Le Grand Ribaud
PETITE PASSE
PORQUEROLLES

Die ehemalige Insel von Giens wird von einem bis zu 118 m hohen Felsriegel gebildet, der fast 7 km lang ist und, meist kaum 1 km breit, parallel zur Festlandküste liegt. Er ist – wie der Westteil von Porquerolles – aus quarzdurchsetztem *Phyllit* aufgebaut und mit der letztgenannten Insel durch eine unterseeische Barriere verbunden, zu der auch die Inseln des *Grand* und *Petit Ribaud* gehören.
Der Westteil von Giens ist dicht mit Kiefern bewaldet. Leider ist er größtenteils militärisches Sperrgebiet. Hier liegt auf der Felsnase der *Pointe Escampobariou* (prov.: „Tonnen-Kipper") die höchste Erhebung der Halbinsel, die hier in einer zerklüfteten Steilküste zum Meer abfällt. Der sprechende provenzalische Name Escampobariou erinnert daran, daß hier beim Aufeinandertreffen der häufig starken Strömungen in der *Petite Passe* mit dem von Nordwest um das Kap stürmenden Mistral ganz besonders zu antiken Zeiten auf den Schiffen „Mannschaften und Fässer übereinanderkippten".
1811 wurde Giens bei einem furchtbaren Unwetter und gewaltigen Sturmfluten wieder zu einer echten Insel. Sie mußte danach unter großem materiellen Aufwand erneut mit dem Festland verbunden werden.
Der Mittelteil der Halbinsel trägt auf dem Grat den lieblichen *Weiler Giens*, dessen blütenumwachsene Häuser sich nach Norden bis an die Bucht von Giens, nach Süden bis an die Felsenbucht von *Niel* mit ihrem malerischen kleinen Naturhafen ziehen. Überragt wird die Siedlung von den Ruinen des *Schlosses der Pontevès,* die 1691 von Ludwig XVI. mit dem Marquisat von Giens betraut worden waren. Von einer Plattform aus genießt man hier einen herrlichen Rundblick über Giens und seine angrenzenden Meeresteile (Orientierungstafel).
Östlich des Dorfes von Giens findet man eine Reihe von Kur- und Erholungsanstalten. Bereits 1892 hatten die *Hospize von Lyon* begonnen, hier Untersuchungen über die Wirksamkeit von Meereskuren durchzuführen. Das heute riesige *Hôpital Renée Sabran* mit seinen weitläufigen Parkanlagen erinnert in seinem Namen an den Vater dieser erfolgreichen Idee und an den Gründer des ersten Etablissements dieser Art auf der Halbinsel. Dieses wurde nicht nur zu einer Quelle der Gesundheit für Tausende rekonvaleszenter Kinder und Erwachsener, wobei heute modernste medizinische Geräte miteingesetzt werden, sondern bildete auch früh einen wichtigen wirtschaftlichen Faktor für Giens, da der Großteil des Personals vom Ort stammte.

La Tour Fondue (geschmolzener Turm),
früher *La Tour Fendue* (gespaltener Turm), ist ein kleiner Hafen im Südosten, von dem Fährschiffe zur nahen Insel Porquerolles auslaufen. Hier hatte 1634 *Richelieu* auf einem vorgelagerten Felsklotz eine befestigte Geschützstellung anlegen lassen. Die heute sehr baufällige Anlage, die zeitweilig auch Piraten als Fluchtburg diente, war früher durch eine Brücke mit dem Festland verbunden. Der Nationalpark von Port-Cros, heute Besitzer der malerischen Ruine, beabsichtigt eine Restaurierung des Forts und eine Nutzung als Informationszentrum.

La Madrague (Bezeichnung für ein früher benutztes System feststehender Netze zum Thunfischfang) heißt ein kleiner Fischerhafen am Nordufer der Halbinsel.

Strände
gibt es auf dem *gebirgigen Südteil* der Halbinsel nur ganz wenige, die kleine Buchten (frz.: Criques) zwischen Felsvorsprüngen abschließen. Die zergliederten Küsten dieses Teils sind generell felsig und besonders im Südwesten steil abfallend. Im Nordwesten sind Riffe und kleine Felseneilande vorgelagert. Den Schnorchler und Taucher begeistert hier eine reiche Lebewelt in einem meist kristallklaren Wasser. Vom Wind abhängig sind allerdings möglicherweise Strömungen und Wellengang zu beachten.

Wer weite, feinsandige Strände wünscht, findet diese kilometerlang an der *östlichen Verbindungszunge* zum Festland. Der Sandgrund fällt hier sehr langsam nach Osten zur Bucht von Hyères ab.

Auch längs des westlichen Verbindungsgürtels *(Route du Sel)* dehnen sich riesige Strände aus Kieseln und grobem Kies. Der Grundabfall nach Westen zur Bucht von Giens erfolgt hier etwas schneller als bei den zuvor genannten Oststränden. Hier geschieht der Übergang zu ausgedehnten *Posidonienwiesen* (vergl. S. 84) allerdings auf wesentlich kürzerer Distanz vom Ufer. Wenn der Mistral in die Bucht drückt und eine kräftige Dünung herrscht, tummeln sich in diesem Meeresbereich die Anhänger des Brandungssurfens.

Es war einmal . . .

– Ursprung der Inseln und Episoden aus ihrer Geschichte –

Wo sich heute die Inseln Le Levant, Port-Cros, Bagaud, Porquerolles und die Halbinsel Giens wie ein schützender Riegel der südfranzösischen Festlandsküste vorlagern, erhob sich in der Frühzeit der Erde ein Urkontinent, die *Tyrrhenis.* Durch Witterungseinflüsse wurden seine Berge in Jahrmillionen abgetragen und das Abriebmaterial in den Tiefen des *Tethysmeeres,* das den Kontinent nach Norden und Osten begrenzte, als Sedimente abgelagert und mit der Zeit wieder verfestigt. Die verbleibende Restplatte sank mit Teilen der entstandenen Ablagerungsschichten später ein, dem feurig-flüssigen Erdkern entgegen. Dabei kam es zu Faltungen und Brüchen der festen Masse. In die gähnenden Spalten konnte glühendheiße Substanz aus dem Erdinneren eindringen. Im Kontakt mit ihr und unter dem gleichzeitigen Einfluß des hohen Druckes der dicken Deckschichten bildeten sich die abgesackten Gesteinsmassen teilweise um (Kontaktmetamorphose) zu grobkristallinen Gesteinen (Gneise, Glimmerschiefer) mit den typischen Einschlußmineralien wie Granat, Turmalin, Staurolith oder Disthen.

Im Zuge der späteren sog. *variskischen Faltung* (vor etwa 300 Mio. Jahren), bei der u. a. Schwarzwald und Harz entstanden, kam es auch im heutigen Mittelmeerraum zu kräftigen Schüben aus dem Erdinneren und zur Bildung von hohen Gebirgen und tiefeingeschnittenen Tälern. Durch Erosion (Abtragung) wurden die Gipfel dieser Massive im Laufe der Zeit wieder abgerundet, die Täler mit Sedimenten aufgefüllt. Am Ende des Erdmittelalters (Mesozoikum) vor rd. 60 Mio. Jahren sank ein Großteil des hier betrachteten Gebietes im Zuge von tektonischen Bewegungen erneut unter den Meeresspiegel. Als letzte Reste der damals bestehenden Berge blieben bis heute die Inseln von Hyères (einschl. der einstigen Insel von Giens), die französischen Festlandsmassive der Maures und des Esterels sowie die Inseln Korsika und Sardinien erhalten. An anderer Stelle des europäischen Raumes wurden auch Erdmassen emporgedrückt: Es ist die Zeit der Entstehung der Alpen und Pyrenäen.

Vor etwa 10 – 7 Mio. Jahren schließlich erlebte der südfranzösische Raum eine Phase besonders heftiger Bewegungen der Erdkruste. Bestehende Bruchgräben vertieften sich teilweise bis auf 2000 m (wie etwa die äußere Bucht von Saint-Tropez), neue Gebirgszüge wurden aufgefaltet. Zu diesen sog. *Provenzalischen Ketten* gehören auch die Berge des Mont Faron und Coudon nördlich von Toulon, die man von den Inseln sieht. Die Bausubstanz dieser „jungen" Gebirge besteht nicht wie bei den Inseln hauptsächlich aus kristallinen Schiefern, sondern aus ehemaligen, inzwischen versteinerten Sedimenten: Kalkstein, Ton, Sandstein.

Das heutige *Mittelmeer* selbst entstand vor etwa 5 Mio. Jahren durch den Einbruch der Gibraltarschwelle und das Vollaufen eines Tieflandbeckens. Während der letzten Eiszeiten lag der Wasserspiegel über 100 m niedriger als heute, da riesige Wassermassen in Form von Eis in den polnahen Zonen gebunden waren. Zu dieser Zeit bildeten die Inseln von Hyères eine Einheit mit dem angrenzenden Kontinent. Erst mit dem Abschmelzen des Eises vor ca. 40000 – 20000 Jahren wurde der Archipel wieder von Wasser umspült.

In *historischen* Zeiten erscheinen als erste Bewohner der Inseln vermutlich die *Phokäer*, Griechen aus Kleinasien, die im 6. Jh. v. Chr. auch Marseille, damals *Massalia*, als Zentrum ihrer Kolonisation gegründet hatten. Sie richten längs der Küste eine Reihe von Handelsniederlassungen ein. Den keltisch-ligurischen Ureinwohnern des Festlandsaumes bringen sie die Weinrebe aus ihrer ionischen Heimat mit. Für Ölbaum, Feige und Nuß, die in dieser Gegend bereits wachsen, liefern sie die Beschneide- und Veredelungstechnik.

„Stoechaden" (griech.: stoichos = Reihe, Linie) nannten die Griechen die Inselgruppe wegen ihrer Anordnung. Die erste Erwähnung unter diesem Namen findet sich bei *Apollonios von Rhodos* (Mitte des 3. Jh. v. Chr.) in seiner Argonautendichtung (IV, 552 – 555).

Der griechische Geograph *Strabon* (63 v. Chr. – 20 n. Chr.), der das römische Weltreich bereiste und als zuverlässige Quelle dienen darf, gibt in seiner „Geographica" (IV, 1, 10) genauere Lageangaben. Nachdem er den Küstensaum zwischen Marseille und Italien behandelt hat, fährt er fort: „Was die Inseln betrifft, die dem schmalen Landstreifen vorgelagert sind, von dem ich gerade gespro-

chen habe, so sind die ersten von Marseille aus die *Stoechaden*, drei große, die eine Betrachtung verdienen, und zwei kleine . . . Hinter den Stoechaden befinden sich *Planasia* und *Leron*, . . . letztere gegenüber von *Antipolis* (heute Antibes).
Darüber hinaus gibt es nur noch Inselchen, die der Rede nicht wert sind, zum Teil vor Marseille selbst, zum Teil vor der übrigen behandelten Küste".
Der römische Schriftsteller *Plinius d. Ältere* erwähnt im 1. nachchristlichen Jahrhundert in seiner „Naturgeschichte" (III, 5, 79) die Inseln vor dem mediterranen Gallien und äußert: „An Galliens Küsten findet man *Metina* in der Rhonemündung, dann die Insel, die *Blascon* heißt, und die drei *Stoechaden*, die so von den Leuten aus dem benachbarten Marseille genannt werden wegen der Art ihrer Anordnung. Die einzelnen Namen sind *Protae* (die „Erste"), *Mesae* (die „Mittlere"), die auch *Pomponiana* heißt, und die dritte *Hypaea* (die „Untere"). Danach kommen *Iturium* (oder Sturium), *Phoenice, Phila,* dann *Lero* und *Lerina* (die heutigen Iles de Lérins Sainte-Marguérite und Saint-Honorat) gegenüber von *Antipolis*, wobei auf letzterer die Relikte der Siedlung *Vergoanum* überdauern".
Identifiziert man, wie das heute üblich ist, die Insel Protae mit Porquerolles, Mesae mit Port-Cros und Hypaea mit Le Levant, bleibt die Frage, welche Eilande mit den anderen zitierten Namen gemeint sein können, da es zwischen den Inseln von Hyères und denen von Lérins keine weiteren mehr gibt. Vielleicht gelingt es einst den Archäologen, auf den Inseln von Hyères selbst noch Inschriften zu finden, die die Frage der antiken Namen endgültig beantworten.
Welche Bedeutung die Stoechaden für Massalia besaßen, erläutert ebenfalls Strabon im oben genannten Artikel: „Die Massaliaeten (so nannten die Griechen die Einwohner Massalias) betreiben dort Landwirtschaft. Früher (Strabon schreibt kurz vor Christi Geburt, als die Römer bereits den dortigen Raum beherrschten!) unterhielten sie dort einen Wachtposten gegen die Einfälle von Piraten und eine ganze Reihe von Häfen."
Bis zum Verlust der Unabhängigkeit Marseilles im Jahre 49 v. Chr. – Cäsars Truppen belagerten und eroberten damals die Stadt – waren die Inseln im Verbund mit anderen befestigten Plätzen für die Massaliaeten in erster Linie von strategischer Wichtigkeit gewesen. Sie bildeten vorgeschobene Verteidigungsposten für ihre Stadt und Stützpunkte für die Beherrschung der See sowie für den Kampf – zu Lande und zu Wasser – gegen ligurische Seeräuber. Gleichzeitig waren sie Zufluchtsstätten für die Marseiller Handelsschiffe, wenn diese von Freibeutern gejagt oder von Stürmen bedroht wurden. Nicht nur im Winter erreichen der kühle Mistral aus Nordwest und der regenreiche Ostwind in diesem Sektor Stärken von 8 – 9 Bft oder mehr. Wenn man heute noch rd. 200 unbekannte antike Wracks im Bereich der Inseln von Hyères vermutet, ist der Großteil von ihnen sicher Unwettern zum Opfer gefallen. Wehe dem Segler, der nicht rechtzeitig vor dem Sturm einen bergenden Hafen erreichte. In einer starken Bö gekentert oder von unwiderstehlichen Strömungen auf ein Riff oder Felseneiland gedrückt, nahm er seine wertvolle Ladung an Wein, Öl oder Keramiken mit auf den Grund des Mittelmeeres, des „reichsten Antiquitätenmuseums der

Welt". Von Zeit zu Zeit offenbart dieses einen Teil seiner Schätze und erzählt den Meeresarchäologen von den Geheimnissen, die es über Jahrtausende zu wahren gewußt hat. 1972 begann beispielsweise die wissenschaftliche Erforschung des römischen Wracks von La Madrague de Giens, eines der größten und besterhaltenen, die je im Mittelmeer gefunden wurden. Neben 5 – 6000 Weinamphoren (vergl. Bild S. 120) übermittelte es uns völlig neue Erkenntnisse über römische Schiffsbautechnik.
Am Nordrand des Golfs von Giens, in dem in nicht mal 20 m Tiefe das zuvor erwähnte Wrack ruht, entdeckte man im heutigen Weiler L'Almanarre die Reste der antiken Stadt *Olbia* (griech.: die Glückliche, Reiche, Gesegnete). Um 350 v. Chr. war sie von den Massaliaeten als Wehrsiedlung mit Hafen gegründet worden unterhalb des Hügels, der heute den Namen Costebelle trägt. Er war ursprünglich von Ligurern bewohnt gewesen, bei der Gründung von Olbia aber bereits aufgegeben. Das Entstehungsdatum der Stadt leitet sich aus den ältesten gefundenen Keramiken her, die sich zum Großteil heute im Museum von Hyères befinden. Der schon zitierte Strabon (Geographica IV,1,5,9) bezeichnet Olbia als ein Bollwerk der Massaliaeten gegen die „Barbaren" der ligurischen Küste und als Ausgangspunkt zur Beherrschung der See.
Ein quadratisches Terrain von etwa 160 m Seitenlänge ist von Festungsmauern umgeben. Ein rechtwinkliges Straßengitter gliedert die Stadt nach griechischer Sitte in eine Vielzahl rechteckiger Wohninseln. Die ausgegrabenen Grundmauern zeigen, daß die Häuser teils Wohnzwecken, teils dem Handel und anderen Bedürfnissen einer militärischen Gesellschaft von ca. 800 Köpfen insgesamt dienten. Landwirtschaftliche Erzeugnisse liefern der Stadt wohl mehr die griechischen Landsleute der vorgelagerten Inseln als die im Küstensaum siedelnden Ligurer. Von diesen übernehmen die Einwohner Olbias – in sehr beschränktem Maße – lediglich einfaches *modelliertes* Geschirr, das im Küchenbereich eingesetzt wird. Da sie aber bei der Speisenzubereitung im Hinblick auf die verwendeten Gefäße sehr wählerisch sind, bevorzugen sie die feineren *gedrehten* Formen des griechisch beeinflußten Mittelmeerraumes, wie zahlreiche Funde beweisen. Daß die Handelsbeziehungen vielfältig und weitreichend sind, verraten die verschiedenen Gestalten und Dekorationen: Amphoren aus Marseille, die möglicherweise allein dem Weintransport vorbehalten waren, andere aus Rhodos, Gefäße aus Kleinasien, die Reliefs tragen. Auch attische schwarze Dekortechnik ist vertreten und die einfarbige, graue Keramik der iberischen Halbinsel. Schwarze Bemalung ziert ferner die Importe aus Rom im 3. Jh. v. Chr. und aus Campanien im 2. und 1. Jh. v. Chr. Massalia ist offenbar während der ganzen Zeit ein Hauptlieferant von Töpferwaren für Olbia.
Ob schon zu dieser Zeit in den „Marais Salants", den Salzteichen, Meersalz gewonnen wurde, ist noch ungeklärt. Erst vom Mittelalter an ist in den Schriften die Rede davon.
Mit dem Verlust der Unabhängigkeit Marseilles 49 v. Chr. und der Machtübernahme durch die Römer schwindet die Bedeutung Olbias. Teile der alten Stadt bleiben bewohnt, im Nordosten schließen sich neue Siedlungsgebiete an. Geschäfte, Plätze und Thermen, die bei den noch laufenden Ausgrabungen bereits

freigelegt wurden, zeugen vom Leben in der römischen Periode, die ihren Höhepunkt vermutlich zur Zeit des Augustus (27 v. Chr. – 14 n. Chr.) hat. Um das 6. christliche Jahrhundert wird Olbia als Siedlung aufgegeben.
Die Ausgrabungen der antiken Stadt werden noch Jahrzehnte erfordern. Ein Teil des ausgedehnten Grabungsfeldes soll demnächst der Öffentlichkeit zugänglich gemacht werden.
Zahlreiche interessante archäologische Funde sind bereits jetzt in Ausstellungen (z.B. in den Inselforts) und im Museum von Hyères zu bewundern.
Südlich der Küstenstraße (RN 559), die heute das Gelände des alten Olbia im unteren Teil durchschneidet, findet man am Ufer des Golfs von Giens noch Hafenmauern und Reste eines kleinen Badehauses, die zugänglich und leicht zu finden sind. Die unterseeische Erforschung der ehemaligen Hafenanlagen steht im wesentlichen noch aus.
Der hl. *Honoratus* hatte auf der Lérins-Insel, die heute seinen Namen trägt, um 395 eines der ersten französischen Klöster gegründet, das sehr bald eines der bedeutendsten Pilgerziele des Mittelalters – nach Jerusalem – wurde. Von hier aus wird die christliche Missionierung der noch heidnischen Teile Europas vorangetrieben. Die Mönche von Lérins gründen im 5. Jh. auch auf der Ile du Levant, dann auf Porquerolles und schließlich auf Port-Cros klösterliche Niederlassungen. Doch die reichen Klöster, die sich insbesondere um die Urbarmachung der Inseln verdient machen, erregen immer wieder das Interesse zahlreicher Piraten und müssen ständig Überfälle und Plünderungen über sich ergehen lassen. Insbesondere die islamischen Sarazenen suchen im 9. Jh. bis 12. Jh. wiederholt die Inseln von Hyères heim. 1160 schließlich werden diese so total ausgeraubt und gebrandschatzt, daß nichts mehr von den in Jahrhunderten aufgebauten Schöpfungen der Mönche übrig bleibt. Diese selbst werden massakriert oder als Sklaven an den Küsten Nordafrikas verkauft. Spärliche Ruinen erinnern heute auf Port-Cros im Vallon Notre-Dame und bei der „Sardinière" an diese Tragödie. Leider bildet diese in keiner Weise das Ende der Piratenplage, die noch einige Jahrhunderte andauert. Oft sind die wenigen Siedler der Inseln die schutzlosen Opfer der Seeräuber. Zeitweilig aber benutzen die Unholde die Inseln sogar als Stützpunkte, von denen aus sie die Festlandsküste bedrohen.
Es wird berichtet, daß 1517 türkische Galeeren eine Reihe christlicher Schiffe vor den Inseln von Hyères kaperten. Zweien der Gefangenen trennen die Sieger die rechte Hand, Nase und Ohren ab. Nachdem sie ihnen noch ein Kreuz in die Haare geschnitten haben, setzen sie die Unglücklichen im Hafen von Hyères ab. Den ohnmächtigen Küstenbewohnern bleibt nur Wut und Verzweiflung. Auch sie müssen ständig der Überfälle von See gewärtig sein.

S. 59 o.: Die Ruinen der griechisch-römischen Siedlung Olbia werden z. Z. am Nordrand des Golfs von Giens ausgegraben.

S. 59 u.: Die Wasserleitungen eines römischen Badehauses unmittelbar an der heutigen Küstenlinie sind in phantastischem Erhaltungszustand und zeugen von den technischen Fähigkeiten der Erbauer.

Zögernd ist die Reaktion von *Franz I.*, dem König von Frankreich, der 1531 Hyères besucht und um Beistand angefleht wird: „Die Inseln vor Hyères, die uns gehören, sind nicht nur unnütz und ohne Wert und Profit, sondern von Nachteil und Schaden für alle und die öffentlichen Angelegenheiten unseres Landes, weil sie Rastplatz und Zuflucht für räuberische Galeeren . . . und andere Schiffe der maurischen, türkischen Piraten, der Feinde unseres heiligen katholischen Glaubens, und auch der unserer Kriegs- und Kampfgegner sind."
Ohne großen Erfolg versucht Franz I., auf den Inseln Befestigungsanlagen zu errichten, vermutlich an den Stellen, wo auch schon griechisch-römische Stellungen waren. Doch selbst die Arbeiter werden von den Piraten „eingefangen". Aus dieser Periode scheint einzig der wuchtige Turm des *Forts Sainte-Agathe* auf Porquerolles übrig zu sein.
In einem geschickten Schachzug sucht der König 1531 die mißliebige Verantwortung für die Inseln Levant, Port-Cros und Bagaud abzutreten. Er schenkt sie heuchlerisch seinem „geliebten und ergebenen" Ritter *Bertrand Dornesan, Baron von Saint-Blancard*, der sich als Heerführer und Flottenchef in 30 Jahren hohe Verdienste erworben hatte, damit er die Inseln „dem Pflug überantworte und verteidige gegen die Einfälle der Ungläubigen und Feinde, damit er die Bewohner und deren Wohnungen schütze und bewahre". Gleichzeitig werden die Inseln zum „*Marquisat des Isles d'Or*", zur Markgrafschaft der „Goldenen Inseln" erhoben. Dieser wohlklingende Name, der noch heute oft für *alle* Inseln von Hyères verwendet wird, ist im königlichen Einsetzungsdekret erstmals genannt und für die Zukunft festgelegt. Er findet seine Begründung offenbar in der goldenen Färbung der kristallinen Felswände der Inseln, wenn die Abendsonne sie erglühen läßt. Für den neuen Besitzer der Inseln ist die verschönende Benennnung kaum Hilfe für eine unlösbare Aufgabe, für die Küstenbewohner muß sie wie ein Hohn geklungen haben. Schließlich hatten die Inseln in jenen Zeiten stets nur dem Feind gedient und ihnen selbst keinerlei Nutzen gebracht.
Schon ein Jahr später (1532) stellt der König Franz I. in einem Brief resignierend fest, „*Barbarossa Chaireddin*, der Admiral der türkischen Flotte, hat sich daran gewöhnt, die meiste Zeit auf den Inseln von Hyères zuzubringen, von wo aus er dem Mittelmeer mehr Übel zufügen kann als von irgendeiner anderen Stelle". Doch als Ironie des Schicksals ruft der gleiche König 1532 Barbarossa mit 110 Galeeren um Hilfe gegen die Spanier. Die türkische Flotte ankert vor den Inseln von Hyères. Und wieder sind es die Insel- und Festlandsbewohner, die „tausend Demütigungen durch die Barbarei dieser Leute" erdulden müssen.
Heinrich II., der Nachfolger von Franz I., überträgt 1549 das Marquisat der Goldenen Inseln dem deutschen Edelmann Christoph von Roquendorf – mit dem gleichen Entwicklungs- und Schutzauftrag. Offenbar hatten dessen Vorgänger diese Aufgabe nur unbefriedigend lösen können. Dem Marquis wird das außerordentliche Recht zugebilligt, auf den Inseln „alle Arten von Kriminellen aufzunehmen – außer Ketzern und Majestätsbeleidigern –, um so die Inseln zu bevölkern und Kräfte für den Aufbau der Festungen und die Verteidigung zu gewinnen." Die Gesetzesbrecher haben keine Steuern zu zahlen und sind vor Strafverfolgung sicher, so lange sie auf den Inseln bleiben. Doch den Bock zum Gärtner

zu machen ist riskant: Nach kurzer Zeit schon wandeln sich die ehemaligen Strafgefangenen und Flüchtlinge zu verwegenen Piraten um, deren Überfälle auf das Festland gefürchteter sind als die der Barbaren.
Richelieu setzt den verbrecherischen Umtrieben ein Ende und vertreibt das Gesindel von den Inseln. 1634 – 35 beschließt er für Port-Cros die Errichtung der Festungsanlagen von *Port-Man*, des *Forts de l'Estissac* sowie des Turms der *Eminence* (das heutige Fort wurde erst 1875 fertiggestellt). Auf Porquerolles werden die beiden Forts des *Grand Langoustier* und *Petit Langoustier* sowie das von *Alycastre* gebaut. Die Festung *Sainte-Agathe* wird verstärkt.
Doch in den folgenden Jahrzehnten sind die Verteidigungsanlagen oft ohne Verteidiger und dienen Hirten als Unterstand für die Schafe.
Als das Frankreich der Revolution am Ende des 18. Jh. unter anderem England und Spanien den Krieg erklärt, nimmt die Flotte dieser Länder, unterstützt von französischen Royalisten, im August 1793 den Kriegshafen Toulon ein. Bei der Belagerung und Rückeroberung der Stadt durch republikanische Truppen erhält ein junger Artillerieoffizier namens *Napoleon Buonaparte* seine ersten Auszeichnungen. Im Dezember des gleichen Jahres werden die Besatzer zur Aufgabe gezwungen. Engländer und Spanier verlassen Toulon unter Mitnahme von 3 französischen Kriegs- und rd. 100 Handelsschiffen. Der Flottenverband geht vor den Inseln von Hyères vor Anker und nimmt an deren Einwohnern und Einrichtungen blutig Rache für die Niederlage auf dem Festland: Auf Port-Cros werden am 19. Dez. 1793 das *Fort du Moulin* (der Vorgänger des heutigen) sowie die Anlagen von *Estissac* und *Eminence* weitgehend zerstört. Der mächtige Turm von Sainte-Agathe auf Porquerolles allerdings widersteht der Belagerung und fällt nicht. Die Bewohner der Inseln aber werden vertrieben, ihre Häuser geplündert und gebrandschatzt. Die Äcker werden verwüstet und die Schafherden als Beute mitgeschleppt.
Im Januar 1794 inspiziert Napoleon die Inseln und ordnet den Wiederaufbau der zerstörten Forts an. Zur Erhöhung der Verteidigungskraft läßt er eine Reihe von befestigten Artilleriestellungen (franz.: Battéries) an strategisch wichtigen Stellen anlegen (auf Porquerolles: *Cap des Mèdes, Alycastre, Bon Renaud;* auf Bagaud 4 Geschützstellungen). Die Arbeiten ziehen sich hin bis weit in die spätere Kaiserzeit des berühmten Korsen.
Napoleons ehrgeiziger Plan, 1811 die Inseln Port-Cros und Porquerolles durch 2 Dämme zu verbinden und diese durch eine gewaltige Festung schützen zu lassen, scheitert daran, daß die so abzusperrende *Grande Passe* Tiefen bis zu fast 60 m aufweist.
Im 19. Jahrhundet lassen die Aggressionen durch Seepiraten im ganzen Mittelmerraum spürbar nach.
Im Jahre 1797 war auf Porquerolles eine Quarantänestation eingerichtet worden für die Soldaten der Ägyptischen Expedition Napoleons, sofern diese ihr Heimatland noch einmal wiedersahen. Seit 1842 bis in die Moderne dient die Insel als Lazarett-, Rehabilitations- und Erholungszentrum für die Verwundeten zahlreicher militärischer Konflikte, in die Frankreich verwickelt ist. So erlangt die Insel bei den Militärs und ihren Angehörigen große Beliebtheit. Manche Ve-

teranen siedeln sich auf Dauer hier an. So wundert es nicht, daß die Kirche von Porquerolles 1849 – 51 von Pionieren gebaut und bis 1926 als Militärkapelle genutzt wird.
Nicht selten berichten die Chronisten in den beiden letzten Jahrhunderten über Feuersbrünste, die – angefacht von gnadenlosem Mistral – die bewaldeten Inseln fast total verwüsten (z. B. Porquerolles 1897, Port-Cros 1902, 1913). Bereits Napoleon hatte die Todesstrafe für Brandstifter eingeführt.
Noch häufiger als früher wechseln seit der Französischen Revolution die Besitzer der Inseln, teils durch Erbfolge, teils durch Verkauf. Ein Blick auf die letzten Veränderungen ist interessant:
Bei einer Zwangsversteigerung erwirbt 1937 Madame *Combe-Desmarais* die Insel Port-Cros. Noch heute gehören 2/3 des Geländes der Familie Desmarais. Die Besitzverwaltung wird dem Notarsehepaar *Marcel Henry* überlassen mit der Zusicherung, 1/3 des Grundes selbst erwerben zu können. Doch die Freude ist nur kurz: 1939 werden die Inseln von Hyères durch italienische und später durch deutsche Truppen besetzt, die schwere Geschütze installieren. Im Januar 1944 wird die gesamte Zivilbevölkerung der Inseln Port-Cros und Porquerolles evakuiert. Unter dem Schutz massiven Feuers von Schiffsartillerie greifen am 15. Aug. 1944, dem Tag der alliierten Landung in der Provence, amerikanische und kanadische Spezialeinheiten die Inseln Levant und Port-Cros an. Diese wichtigen Schlüsselpositionen für die Sicherung des Nachschubs der Alliierten sind nach heftigen Kämpfen am 17. Aug. in den Händen der Angreifer. Am 21./22. Aug. wird Porquerolles von senegalesischen Einheiten erobert und befreit.
1961 unterbreitet Madame *Henry*, eine offenbar ebenso selbstbewußte wie auf den Schutz der Natur bedachte Person, dem französischen Staat das Angebot, ihm ihren Besitz auf Port-Cros zu vermachen „unter der Bedingung, daß die Insel zum Nationalpark erhoben werde mit dem Ziel, den Erhalt und die Entwicklung ihrer Flora und Fauna sicherzustellen." In Verwirklichung dieses Vermächtnisses wird am 14. Dez. 1963 auf Port-Cros der erste „Unter- und Überwasser-Nationalpark" Europas eingerichtet.
1972 erwirbt der französische Staat von den Erben des letzten Besitzers von *Porquerolles*, dem Industriellen *Fournier*, 8/10 der Insel. Der Nationalpark von Port-Cros übernimmt die Verwaltung dieser Ländereien mit dem Ziel, den Zustand urwüchsiger mediterraner Natur zu erhalten bzw. wiederherzustellen.
Diesem Bemühen dient auch die Gründung des *„Conservatoire Botanique de Porquerolles"* im Januar 1979. Eine seiner Hauptaufgaben besteht darin, vom Aussterben bedrohte oder in Frankreich bereits verschwundene Pflanzenarten des Mittelmeerraumes zu züchten, zu studieren und ihre Neuverbreitung zu fördern.
Eine Vereinigung Porquerolles mit dem bereits bestehenden Nationalpark von Port-Cros zu einem „Nationalpark der Inseln von Hyères" ist angestrebt, stößt aber insbesondere aus wirtschaftlichen Gründen noch auf Schwierigkeiten.

Begegnung mit der Unterwasserwelt

Viele Bereiche des Mittelmeeres sind in den letzten Jahrzehnten verarmt an tierischem und pflanzlichem Leben, teils weil der Mensch den Raum unter Wasser zu sehr ausgebeutet, teils weil er ihn durch Verschmutzung und Vergiftung „unbewohnbar" gemacht hat. Die Küsten der Inseln von Hyères sind kaum betroffen von diesem fatalen Phänomen. Die Wasser, die aufgrund der vorherrschenden Strömungen aus wenig industrialisierten und relativ gering besiedelten Bereichen der Côte d'Azur bzw. aus den Hochseezonen westlich von Korsika stammen, sind ausgesprochen sauber und kaum belastet. So findet man hier heute noch eine heile, wundervolle Unterwasserwelt mit all der bunten Vielfalt, auf die man früher auch an den Küsten des Kontinents traf.
Es gibt 3 Stufen, auf denen man sich dieser Zauberwelt nähern kann, je nachdem, wie mutig man ist bzw. wie gut man den Umgang mit taucherischen Hilfsmitteln beherrscht.

1. Stufe: Das Aquascope

In einem eleganten Trimaran, der speziell für die Beobachtung unter Wasser konzipiert wurde, können in dem u-Boot-förmigen Mittelrumpf bis zu 10 Personen Platz nehmen. Durch große Seiten- und Bugfenster, die bei mittlerer Beladung des Bootes schon ganz unter der Wasserlinie liegen, können nicht zu tiefer Meeresgrund und die auf ihm lebenden Tiere und Pflanzen gefahrlos, bequem und ohne große optische Verzerrung betrachtet werden. Dies geschieht in wesentlich perfekterer Weise als z.B. bei den sog. Glasbodenbooten. Im Aqua-

scope haben die Passagiere den Eindruck, sich mitten im Wasser zu befinden. – leistungsstarke Scheinwerfer an der äußeren Bordwand ermöglichen Nachtexkursionen und lassen tagsüber die wahren Farben der Unterwelt aufleuchten. Der Pilot, der das Boot von einem erhöhten Beobachtungsstand aus steuert, gibt den Fahrgästen über Lautsprecher laufend Erklärungen zur durchfahrenen Umgebung.
Das Aquascope bietet während der Saison Personen zwischen 7 und 77 Jahren die nicht selbst „den Kopf unter Wasser stecken wollen", eine ideale Gelegenheit, den Schönheiten des Mittelmeeres zu begegnen.
Man findet ein Aquascope im Hafen von *Port-Cros*, das die Nordwestküste der Insel bis zur Bucht von *La Palu* unterseeisch vorstellt.
Auf dem Festland ist ein weiteres im Hafen von *Le Lavandou* stationiert (Anmeldung im Alten Hafen an der Kasse der Inselboote „Vedettes Iles d'Or – Le Corsaire"). Hier werden die *Posidonienwiesen* (vergl. S. 84) der Bucht von *Bormes* und die Felsküste in Richtung *Saint-Claire* bis zum dortigen Riff *La Balaine* besucht.

2. Stufe: Der Unterwasser-Lehrpfad von La Palu

(Sentier d'initiation au milieu marin) – Im Nationalpark von Port-Cros wurde in der Bucht von *La Palu* zwischen dem Strand und dem vorgelagerten Eiland *Rocher du Rascas* ein dreieckiger Meeressektor durch Bojen abgetrennt. In diesem Bereich, der besonders charakteristisch ist für das Leben unter Wasser im Küstensektor von Port-Cros, wurde ein Parcours zur Einführung in die marinen Lebensräume abgesteckt. An 10, durch numerierte Bojen gekennzeichneten Beobachtungsplätzen kann man verschiedenartige Unterwasser-Landschaften und ihre Bewohner studieren: Posidonienwiesen in gesundem Zustand, solche mit verminderter Vitalität und solche, die bereits abgestorben sind, überseeische

und unterseeische Felsenriffe mit ihren typischen Fischen wie Brassen, Goldstriemen, Lippfischen, Mönchsfischen, Grundeln und Schleimfischen sowie den zugehörigen festsitzenden Tierarten. Der Grund sinkt insgesamt ab, je mehr man sich vom Strand dem Rascasfelsen nähert. Dementsprechend wandelt sich auch der vielfältige Algenbewuchs der Felsen von den lichtsuchenden Arten hin zu den dämmerungsliebenden. Stachelhäuter (Seesterne, Seeigel, Seegurken) sind in großer Zahl vertreten. Um einen Kraken in einem Felsloch zu entdecken, muß man sein Auge schon trainiert haben. Doch diese Kopffüßer sind keineswegs selten in dem zerklüfteten Gelände. Auch ein Bombentrichter wird auf dem Lehrpfad gezeigt. Er erinnert daran, daß die Inseln von Hyères bei der alliierten Landung in der Provence (vergl. S. 62) hart umkämpft waren.
Der Unterwasser-Lehrpfad stellt keine besonders hohen Anforderungen an die taucherischen Fähigkeiten dessen, der sich schwimmend auf ihm bewegt. Man sollte mit Maske und Schnorchel umgehen können, was selbst Kinder schnell erlernen. Wer auch Flossen richtig einzusetzen versteht, wird keine Mühe haben, den gesamten Kurs abzuschnorcheln (600 – 700 m). Je nach den Kräfteverhältnissen kann man sich natürlich auch mit nur einem Teil von ihm begnügen. Wer das Schnorcheltauchen beherrscht, wird in den tieferen Zonen in der Nähe des Rascasfelsens zur besseren Beobachtung häufiger abtauchen und sich nicht nur mit einer Betrachtung von der Wasseroberfläche aus zufriedengeben.
Wenngleich in diesem speziellen Schutzgebiet selbst taucherische Anfänger von den eindrucksvollen Unterwasser-Landschaften und der bunten Vielfalt des Lebens in ihnen begeistert sein werden, dürfte auch der erfahrene Flaschentaucher, der einmal nur mit Maske, Schnorchel und Flossen loszieht, hier voll auf seine Kosten kommen. (Eine zusätzliche Neoprenjacke und evtl. etwas Blei sind bei längerem Aufenthalt im Wasser kein Luxus!).
Insbesondere die parallelen Felsbarrieren im Bereich der Bojen 6 – 10, welche ein unbemerktes Anpirschen an Fischschwärme erleichtern, werden den „Crack“ mit der Unterwasserkamera nicht aus dem Staunen kommen lassen.
Wer Wert legt auf *Erläuterungen* zum Lehrpfad, findet das Wesentliche auf einer *Anschlagtafel* am Strand von La Palu. Wasserbeständige Bestimmungstafeln, die der Nationalpark von Port-Cros verkauft *(Centre d'Accueil* im Hafen), können eine weitere Hilfe sein. Außerdem besteht die Möglichkeit, sich im Sommer Führungen über den Unterwasser-Lehrpfad anzuschließen, die von Mitarbeitern des Nationalparks veranstaltet werden (Uhrzeiten werden in La Palu angeschlagen).

S. 66 o.: Das zarte Filigran des Neptunschleiers *(Sertella beaniana)*, eines Moostierchens, erhebt sich auf Korallengrund über den Verästelungen des rotbraunen Hornschwammes *(Petrosia ficiformis)*. Die leuchtendgelben Polypen der Nelkenkoralle *(Leptopsammia pruvoti)* haben ihre Tentakel voll entfaltet (Ausschnittbreite ca. 17 cm).

S. 66 u.: Gemeiner Tintenfisch *(Sepia officinalis)* (Länge ca. 25 cm).

S. 67 o.: Ein Schwarm Goldstriemen *(Sarpa salpa)* (Länge ca. 25 cm).

S. 67 u.: Die erwachsenen Mönchsfische *(Chromis chromis)* (Länge bis 15 cm) sind dunkelbraun und an der tiefgegabelten Schwanzsilhouette leicht erkennbar.

3. Stufe: Tauchen mit dem Preßluftgerät

Wer das volle Spektrum der phantastischen Erlebnisse unter Wasser auskosten will, welche die Gründe um die Inseln von Hyères bereithalten, der sollte sich zum Flaschentaucher ausbilden lassen. Zahlreiche Vereinigungen (in Deutschland VDST, VIT, VDTL) und Clubs halten derartige Kurse ab. Nach gründlicher und sachgerechter Vorbereitung und Ausbildung ist die Ausübung des Tauchsports bei normaler Gesundheit nicht gefährlicher als die anderer Sportarten. Dann aber öffnet sich dem tauchenden Naturfreund hier ein Paradies, wie es kaum anderswo im Mittelmeer zu finden ist.

Die Unterwasser-Fauna und -Flora

Wenn, wie im Bereich der Inseln von Hyères, das Meer noch über seine ursprünglichen Reichtümer an Tieren und Pflanzen verfügt, ist die Darstellung eines so vielfältigen Spektrums der Lebensformen nicht einfach. Unterschiede in den Lebensgemeinschaften (Biozönosen) sind in erster Linie durch die Art der Küstenformation, die Härte des Untergrundes und die Ausrichtung zum Licht und zu den vorherrschenden Strömungen verursacht. Deswegen kann man analoge Situationen auf völlig verschiedenen Inseln antreffen.
Nachstehend werden die für Schnorchler und Taucher besonders attraktiven Lebensräume (Biotope) der *Steilwände, Blockgründe, Korallengründe* und *Seegraswiesen* näher behandelt. Sofern gängige Vulgärnamen für die angeführten Arten existieren, werden diese in deutsch und französisch gegeben. Man beachte jedoch, daß diese für die meisten niederen Tiere und Algen nicht existieren. In diesen Fällen dient der wissenschaftliche lateinische Name zur Bezeichnung.
Einige Empfehlungen seien vorausgeschickt: Viele Organismen können sich in Farbe und Form so perfekt dem Untergrund anpassen (Fähigkeit zur *Mimesis*), daß der in der Naturbeobachtung ungeübte Betrachter über sie hinwegsieht. Hinzu kommt, daß durch die Farbauslöschung (Extinktion) mit zunehmender Tiefe ein wichtiges Erkennungsmerkmal, die Färbung des Objektes, zugunsten

einer kontrastarmen Einfarbigkeit verloren geht. Daher wird eine nicht zu schwache *Unterwasser-Leuchte* (mind. 50 Watt) auch tagsüber bei der Artenentdeckung und -identifizierung hervorragende Dienste leisten.
Viel Faszinierendes kann der tauchende Naturfreund bestaunen, wenn er sein Augenmerk auch auf die „kleinen Dinge in der Wand" richtet und nicht nur nach Muränen, Congern und Riesenzackis späht. Das setzt allerdings voraus, daß er eine Kenntnis der Größe der zu beobachtenden Tiere und Pflanzen besitzt. Leider werden viele Kleinlebewesen regelmäßig in Form von Makrophotographien abgebildet, ohne daß ein Hinweis auf die wahre Größe erfolgt. Das erzeugt und vertieft möglicherweise beim Betrachter völlig falsche Vorstellungen. Die Bildtexte in unserem Buch sind so gestaltet, daß keine Zweifel über die Größenordnung der dargestellten Tiere und Pflanzen aufkommen können.
Im folgenden werden bestimmte Arten im Zusammenhang mit speziellen Biotopen erwähnt, für die sie besonders typisch sind. Das schließt natürlich nicht aus, daß die gleichen Arten auch in anderen Lebensräumen anzutreffen sind. Desgleichen ist zu beachten, daß die Übergänge z.B. zwischen Steilwänden und Blockgründen oft fließend sind, so daß manche Küstenformen sowohl der einen als auch der anderen Charakterisierung entsprechen. Auch sei darauf hingewiesen, daß die vielen *Schiffswracks* im Bereich der Inseln, da sie nicht zu tief liegen, mit ihren steilen oder auch weniger geneigten Flächen, ihren dunklen Winkeln und engen Spalten, ganz ähnliche Lebensräume bieten wie natürliche Steilwände mit Kavernen oder Blockgründe, so daß die Schiffsreste schnell und ganz ähnlich besiedelt werden wie entsprechend strukturierte Naturgründe.

Steilwände

Rund 100 km lang ist die Küstenstrecke aller Inseln von Hyères zusammengenommen, und sie besteht fast ausschließlich aus mehr oder weniger steilen *Felswänden*. Diese gehen in der Regel bei 30 – 50 m Tiefe in nur schwach geneigte, ebene *Sand- bzw. Kiesflächen* über, die – wenn sie überhaupt bewachsen sind – meist *Seegräser* tragen.
Im unteren Bereich der (hier ca. 30 – 40 cm betragenden) *Gezeitenzone (Eulitoral*, frz.: Médiolittoral), haben eine Reihe von *Braunalgen* die Felsen erobert, die an Heidekraut erinnernden *Cystoseiraarten* (frz.: Cystoseires) und die pinselartige *Halopteris*. Sie vermögen gut den Wechselströmungen im Brandungsstreifen zu widerstehen. Zu ihnen gesellen sich meist einige *Rotalgen*, das rosaweiße Büschel bildende *Feine Korallenmoos (Jania rubens)* und das gefiederte,

---

S. 70 o.: Das Neptunsgras *(Posidonia oceanica)* blüht nur äußerst selten. Die kurzstieligen, hellgrünen Blüten (Blütezeit Oktober) sind zudem zwischen den langen Blättern schwer auszumachen. (Diese Exemplare auf dem Spülsaum wurden für Züchtungsversuche entnommen).

S. 70 u.: Der Violette Seestern *(Ophidiaster ophidianus)*, der in Wirklichkeit ziegel- bis purpurrot ist, gehört zu den schönsten Seesternen des Mittelmeeres (Armlänge hier ca. 10 cm).

S. 71 o.: Eine gelbe Krustenanemone *(Parazoanthus spec.)* mit voll entfalteten bzw. eingezogenen Tentakeln (Ausschnittbreite ca. 22 cm).

S. 71 u.: Der Geweihschwamm *(Axinella damicornis)* ist hier wie oft überwuchert von der gelben Krustenanemone *(Parazoanthus axinellae)* (Ausschnittbreite ca. 8 cm).

rötliche *Korallenmoos Corallina.* Auf brandungsgeschützten Felsen findet man stellenweise massenhaft die weißlich verkalkten Netzwerke der *Rentiermoosalge (Liagora viscida).* An schattigen, exponierten Steilküsten bilden verschiedene *Steinblattarten (Lithophyllum tortuosum, Lithophyllum incrustans)* dicke Wülste in Höhe der mittleren Wasserlinie. Diese *Rotalgen* haben große Mengen Kalk in ihre Gewebe eingelagert. Der Kalk verbleibt am Ort, wenn die Algen absterben. Da neue Generationen auf den Resten abgestorbener siedeln, können sich im Laufe von Jahrzehnten und Jahrhunderten dicke, von den Wänden vorragende Gürtel bilden (berühmt sind die an der Insel *La Gabinière!).* Die Franzosen haben für sie die treffende Bezeichnung „*Trottoirs*" gefunden. Im Schutz und Schatten dieser Trottoirs siedeln sich andere Lebewesen an, die lichtscheu bzw. kalkliebend sind (z. B. Kalkröhrenwürmer, Bohrschwämme). Es ergeben sich ganz typische Lebensgemeinschaften.

Hohlräume im Trottoir und Felslöcher im oberen *Sublitoral* (worunter man den ständig untergetauchten Teil des Küstenhanges versteht, frz.: Infralittoral) bilden die Wohnhöhlen zahlreicher *Schleimfische (Blenniidae*, frz.: Blennies). Die wendigen, sich schlängelnd voranbewegenden Fische haben ihren Namen von ihrer schuppenlosen, schleimbedeckten Haut, die sie vor mechanischen Verletzungen im felsigen Brandungsbereich, aber auch vor zu starker Salzaufnahme in hochkonzentrierten Spritzwassertümpeln schützt.

Vor steilen Abbruchkanten tänzeln meist größere Schwärme des *Mönchsfisches (Chromis chromis*, frz.: Castagnole), der an seiner typischen Silhouette mit der schwalbenschwanzförmigen, scheinbar tiefeingeschnittenen Schwanzflosse leicht erkannt wird. Er ist der einzige im Mittelmeer lebende Vertreter der in tropischen Meeren verbreiteten *Riffbarsche (Pomacentridae).* Seine 10 – 15 mm langen, leuchtend kobaltblauen Jungen stehen im August/September oft als blaue „Wölkchen" vor Felslöchern oder Überhängen in einigen Metern Tiefe.

Während die Felsen in lichtdurchfluteten Bereichen eindeutig das Reich der *Pflanzen* bilden, die grünlichweiße *Trichteralge (Padina pavonia*, frz.: Padine paon) überdeckt oft große Flächen und die zierliche *Schirmchenalge (Acetabularia mediterranea*, frz.: Chapeau chinois) leistet ihr in Massen Gesellschaft, sind die Schattenzonen größerer Tiefen oder unter Überhängen und in Kavernen von *Tieren* besiedelt. Im Gegensatz zu den Pflanzen benötigen diese kein Sonnenlicht für ihren Stoffwechsel. Die dunklen Zonen des Steilabfalls sind oft überzogen mit Teppichen der goldgelben *Krustenanemone (Parazoanthus spec.)*, die eines der anmutigsten Korallentiere (frz.: Anthozoaires) des westlichen Mittelmeeres darstellt. Eine Art mit besonders feinen Fangarmen (Tentakeln) siedelt besonders gerne auf dem gelben *Geweihschwamm (Axinella damicornis*, frz.: Axinelle). Schwämme in den verschiedensten Farben und Formen sind die dominierenden Tiere vieler Höhlen und Felsspalten. Im Kampf um den Lebensraum überwuchern sie sich oft gegenseitig. Der meist orangefarbene *Strahlenschwamm (Spirastrella cunctatrix)* bedeckt oft krustenförmig größere Felsflächen. Bei ihm sieht man deutlich große Kanäle, durch die das Meerwasser, dem er Mikroplankton und Sauerstoff zu seiner Ernährung bzw. Atmung entzogen hat, den großen Wasserauslässen *(Oscula)* zugeführt wird. In Felsen-

höhlungen wachsen auch die zierlichen, gelben Säulchen des *Höhlen-Zylinderschwammes (Verongia cavernicola*, frz.: Eponge Pic de Chèvre), der seine schöne Farbe schnell verliert, wenn man ihn aus dem Meer holt und dem Luftsauerstoff aussetzt. Wie ein Geflecht aus dünnen gelben Röhren sieht der nicht seltene, stalakitenförmig wachsende *Gitterkalkschwamm (Clathrina coriacea)* aus. Der bräunlich-violette *Feigenschwamm (Petrosia ficiformis)*, der verästelt und wiederverwachsen ist, bedeckt oft massenhaft den felsigen Höhlenboden. Er bildet die Leibspeise der braun getüpfelten *Leopardenschnecke (Peltodoris atromaculata)*, die oft auf ihm oder in seiner Nähe angetroffen wird. Eine andere *Nacktschnecke* (frz.: Nudibranche), die schön gezeichnete *Sternschnecke (Hypselodoris elegans)* wird ebenfalls häufig angetroffen. Ihre bevorzugte Nahrung sind Schwämme der Gattung *Ircinia*.
In 8 – 10 m Tiefe ragen die ersten Fächer der *Gelben Gorgonie (Eunicella cavolinii*, frz.: Gorgone jaune) aus der Wand. Mit zunehmender Tiefe nimmt ihre Häufigkeit zu. Das hornig-kalkige Skelett, das die zarten, transparenten Polypen trägt, die es ausgeschieden haben, ist so in einer Ebene ausgerichtet, daß diese senkrecht zu den vorherrschenden Strömungen steht. Auf diese Weise erreicht das Korallentier einen maximalen Wasserdurchsatz und eine gleichmäßig gute Planktonversorgung aller Polypen eines Stockes. Nur unweit tiefer fangen auch die *Roten Gorgonien (Paramuricea chamaeleon = P. clavata*, frz.: Gorgone rouge, Gorgone bleu oder Gorgone multicolore) an, ihre dichten, auch mehr oder weniger fächerartigen Korallenstöcke aufzubauen. Sie können bis zu 1,50 m Durchmesser erreichen, je nach der „Reichhaltigkeit der Mahlzeiten". Je stärker und häufiger die nahrungsbringenden Strömungen sind, umso üppiger entwickeln sich diese Hornkorallen. Besonders große Fächer findet man auf 30 – 40 m Tiefe im Bereich der Insel La Gabinière und in den Meerengen der Grande und Petite Passe.
Die Rote Gorgonie, die im Naturlicht blau-violett erscheint, trägt den lateinischen Zusatz „chamaeleon" zu Recht. Denn sie kann ihre Farbe wechseln, wobei rote und gelbe Formen im gleichen Stock auftreten. Auch die weniger verästelten *Weißen Gorgonien (Eunicella singularis*, frz.: Gorgone blanche) sind in den Inselgewässern nicht selten. Doch im Gegensatz zu ihren gefärbten Verwandten wachsen sie meistens nicht seitlich aus der Steilwand heraus, sondern man findet sie auf horizontalen Felsvorsprüngen und oberen Blockflächen. Sie benötigen nämlich viel Licht und reichen deshalb stellenweise sogar relativ weit hoch zur Wasseroberfläche. Die Polypen haben mikroskopisch kleine Algen *(Zooxanthellen)* in ihr Gewebe eingelagert. Diese brauchen das Licht für ihre Assimilation, d.h. ihren Stoffwechsel. Dabei erzeugen sie Kalk, den die Koralle für den Aufbau ihres Skelettes einsetzt.

S. 74: Eine besonders prächtige Art von Schrauben-Sabelle *(Spirographis spallanzanii)* (Kronendurchmesser ca. 10 cm).

S. 75 o.: Die Fächer der Roten Gorgonie *(Paramuricea chamaeleon)* findet man vornehmlich an strömungsexponierten Steilhängen unterhalb von 20 m.

S. 75 u.: Die 10 – 15 mm langen, kobaltblauen Jungtiere des Mönchsfisches *(Chromis chromis)* stehen im Hochsommer als Schwärme unter Felsüberhängen.

FENZ

Von den Decken kleiner Kavernen hängen bisweilen die leuchtendroten Stämmchen der *Edelkoralle (Corallium rubrum*, frz.: Corail rouge), die seit der Antike zu Schmuck verarbeitet wurden und in den Tiefen, die dem Sporttaucher zugänglich sind, sehr selten geworden ist. Man sollte sich an Ort und Stelle an den herrlichen, bis 1 cm großen, weißlichen Polypen erfreuen, die der lebende Stock trägt, und der Versuchung wiederstehen, ihn abzubrechen. Außerhalb des Wassers verbleibt nur noch ein Bruchteil der ursprünglichen Schönheit.

Wenn man dort, wo Gorgonien und Edelkoralle heimisch sind, den Bewuchs der Felsen näher untersucht, wird man noch eine Reihe von entfernteren Verwandten der Korallentiere, die *Hydrozoen* oder *Hydropolypen*, frz.: Hydrozoaires, entdecken. Es handelt sich um winzige Nesseltiere, deren Polypen meist kleiner als 1 mm sind und die farblose, zarte, meist nur wenige cm hohe Gebilde erzeugen.

In Höhlen, manchmal sogar unter deren Decken, in Spalten und auf kleinen Absätzen in der Wand wird man auf zahlreiche Vertreter aus der Familie der giftigen *Drachenköpfe (Scorpaenidae*, frz.: Scorpaenidés) stoßen. Insbesondere ihre Rückenstacheln enthalten ein starkes, wenn auch beim Menschen in der Regel nicht tödlich wirkendes Gift. In den oberen 10 Tiefenmetern wird man hauptsächlich dem braunrötlichen *Kleinen Drachenkopf (Scorpaena porcus*, frz.: Rascasse brune) begegnen. Da er eine erstaunliche Fähigkeit zur Mimesis, d.h. zur exakten Farbanpassung an den hier meist noch algenbewachsenen Fels besitzt, übersieht man ihn leicht, insbesondere wenn man keine Unterwasserleuchte benutzt. Da er, im Vertrauen auf seine Tarnung und sein Gift, auch bei Annäherung von Tauchern selten seine Lauerstellung aufgibt, besteht die Gefahr, daß man unachtsam in seine Stacheln greift. Meist erst unterhalb von 15 m Tiefe trifft man auf den bis zu 50 cm langen roten *Großen Drachenkopf (Scorpaena scrofa*, frz.: Chapon oder Rascasse rouge), der im Gegensatz zur vorgenannten kleinen Form auch zahlreiche Hautanhängsel unter dem Kinn besitzt und damit auch in der Beschaffenheit der Hautoberfläche noch perfekter einen Algenfels imitieren kann. Da die Drachenköpfe keine Schwimmblase haben, liegen sie meist irgendwo auf Grund und warten, bis eine tierische Beute hinreichender Kleinheit sich leichtsinnig dem riesigen Maul zu sehr nähert. Dann schießt der Fisch sprungartig vor und verschlingt das anvisierte Opfer mit einem Biß.

Enge Klüfte und tiefe Löcher in der Wand bilden das Tagesversteck der *Muräne (Muraena helena*, frz.: Murène), die ein Nachtjäger ist. Da die Kopfoberfläche dunkelbraun ist und das Tier sich bei Annäherung eines Menschen meist weit in sein Loch zurückzieht, besteht die Gefahr, daß man es übersieht. Faßt man unachtsamer Weise in eine solche Wohnhöhle, kann die Muräne sich bedroht fühlen und angreifen. Häufiger noch trifft man bei den Inseln von Hyères in Felsspalten und Wracks auf den graublauen *Meeraal (Conger conger*, frz.: Congre), der ebenfalls ein nachtaktiver Fisch ist. Mächtige Exemplare von 2 m Länge und bisweilen mehr sind keine Seltenheit (vergl. Abb. S. 94). Denn Nahrungsvorräte sind reichlich vorhanden: Die Leibspeise des Congers, die achtarmigen *Gemeinen Kraken (Octopus vulgaris*, frz.: Pieuvre oder Poulpe), besie-

deln in großer Zahl Öffnungen im Felsgrund. Tagsüber lugen meist nur ihre für Weichtiere hochentwickelten Augen aus dem Versteck. Nachts stellen die Kraken ihrer Beute nach, die aus Muscheln, Schnecken und Krustentieren besteht. Dabei werden sie dann selbst möglicherweise das Opfer des Meeraals. Bisweilen gelingt es aber dem Kranken, durch Ausstoß seiner „Tinte" die Geruchsorgane seines Todfeindes chemisch außer Kraft zu setzen und sich in letzter Sekunde in einer engen Spalte in Sicherheit zu bringen. Im Sommer findet man unter tiefreichenden Felsüberhängen bzw. im Grunde einer Höhle den in Bändern von der Decke hängenden *Laich* des Kraken. Dann ist das Krakenweibchen auch nicht weit, da es den Laich bis zum Schlüpfen der Larven bewacht und laufend durch Frischwasserbespülung vor Pilzbefall schützt. Da es in dieser Zeit nicht frißt, stirbt es in der Regel an Entkräftung, sobald seine Aufgabe erfüllt ist.
Im Eingang dunkler Höhlen, meist erst in Tiefen ab 25 m, halten sich Verbände des zierlichen *Roten Fahnenbarsches (Anthias anthias*, frz.: Barbier, Anthias, Castagnole rouge) auf, dessen langausgezogene Bauchflossen dem Fisch etwas Majestätisches verleihen.

Blockgründe

Durch die nagende Wirkung von Brandung, Regen, Wind, Hitze und Frost – auch den kann es bisweilen im Raum der Inseln von Hyères geben – brechen aus den steil zum Meer abstürzenden Kliffs immer wieder größere und kleinere Felsbrocken heraus und türmen sich am Fuß der Wände auf. Zusammen mit gewachsenen Felsbarrieren bilden sie die sog. *Blockgründe*. Diese ragen stellenweise bis an die Wasseroberfläche.
Wo die Brandung sich noch stark auswirkt, ist das Reich der allesfressenden *Meerbrassen (Sparidae*, frz.: Sparidés oder Brêmes de Mer). Diese silbrig glänzenden, hochrückigen Fische sind aufgrund ihrer Körperform besonders gut in der Lage, sich in den heftig durchströmten Passagen zwischen den Geröllblökken zu bewegen. Die sehr häufige, bis 18 cm lange *Ringelbrasse (Diplodus annularis*, frz.: Sparaillon) ist benannt nach einem dunklen Ring um den Schwanzstiel. Den haben jedoch auch noch andere Brassenarten, so daß man als weiteres Merkmal die konvexe, nach oben gewölbte Stirn heranziehen muß. Die größere *Zweibindenbrasse (Diplodus vulgaris*, frz.: Sar à tête noir, Sargue ordinaire) hat zusätzlich zum dunklen Schwanzring eine schwarze Binde über den vorderen Rückenteil. Die *Große Geißbrasse (Diplodus sargus*, frz.: Sar commun) kann bis 45 cm Länge erreichen und ist von den genannten Brassen die größte. Neben dem dunklen Schwanzring ist der Hinterrand der Schwanzflosse schwarz gesäumt. Bei jüngeren Tieren findet man auf den Körperseiten, wie auch oft bei der Ringelbrasse, mehr oder weniger stark ausgeprägte Querstreifen.

S. 78: Voll entfaltete Polypen der roten Edelkoralle *(Corallium rubrum)* (Ausschnitthöhe ca. 8 cm).

S. 79: Die Trugkoralle *(Parerythropodium coralloides)*, die zu den Weichkorallen zählt, hat hier weitgehend das Skelett einer Gelben Gorgonie überzogen. Sie wird leicht mit der Edelkoralle verwechselt (Ausschnitthöhe ca. 15 cm).

Die Brassen treten meist in kleineren Gruppen auf, die gemeinsam die algenbewachsenen Geröllfelder durchstreifen. Häufig findet man Vertreter der vorgenannten Arten vergesellschaftet mit den *Brandbrassen (Oblada melanura,* frz.: Oblade oder Blade), die leicht an den hellen Einfassungen ihrer dunklen Binde um den Schwanzstiel erkannt werden. Man muß nicht unbedingt einen Seeigel schlachten, um viele Arten kleinerer *Lippfische (Labridae,* frz.: Labridés) anzulocken. Kratzt man mit dem Messer etwas von dem Bewuchs der Blöcke, manchmal genügt auch der gerichtete Wasserstrom der Flossen gegen den Grund, so wirbelt man eine Fülle von Mikroorganismen auf, was die genannten Fische sofort auf den Plan ruft. Durch besondere Freßgier und auch durch ihre große Anzahl fallen meist die *Meerjunker (Coris julis,* frz.: Girelle oder Demoiselle) auf, die zu den buntesten Lippfischen gehören.

Wo die übereinandergepurzelten Felsblöcke Höhlensysteme mit mehreren Öffnungen gebildet haben (z.B. an der Südseite von Port-Cros und La Gabinière) sind die idealen Lebensräume für die bis 1,50 m langen *Zackenbarsche (Serranus gigas,* frz.: Mérou). Als Einzelgänger beanspruchen sie jeder für sich eine eigene Wohnhöhle, vor der sie auf Beute lauern. Diese erwischen sie nach einem kurzen, schnellen Spurt. Da sie im Tierreich kaum Gegner haben, begegnen sie auch dem Menschen meist ohne große Scheu. Wenn allerdings die Zahl der sie umkreisenden Taucher zu groß und das „Gewitter" der Blitzlichter zu aufdringlich wird, ziehen sich selbst die zutraulichen Zackenbarsche von La Gabinière in ihre meist für Taucher zu engen Schlupfwinkel zurück.

Im Bereich der (-40)-Metermarke muß man sich nicht wundern, wenn aus einer Öffnung im Blockchaos der Schwanz eines *Großgefleckten Katzenhaies (Scyliorhinus stellaris,* frz.: Grande Roussette) ragt. Dieser für den Menschen ungefährliche Hai ist nachtaktiv und verbringt den Tag in Felslöchern. Noch häufiger als ihn selbst findet man seine *Eier,* die in weißlichen, rechteckigen Kapseln (ca. 4 x 12 cm) vom Weibchen mit Hilfe von Klebefäden vornehmlich an Gorgonienbüschen befestigt werden. Nach ungefähr 9 Monaten schlüpfen die Jungen selbsttätig. Den Embryo kann man während der Entwicklungsphase gut durch das durchscheinende Gehäuse erkennen. Halb so groß sind die Eier des *Kleingefleckten Katzenhais (Scyliorhinus canicula,* frz.: Petite Roussette), die man ähnlich „angeknüpft" findet.

Wenn man im gleichen Tiefenbereich von rd. 40 m die Sandflächen zwischen den Blöcken bzw. ebene Flächen auf den Steinen selbst genauer untersucht, entdeckt man nicht selten den skurrilen *Seeteufel (Lophius piscatorius,* frz.: Baudroie oder Lotte), der sich in Farbe und Oberflächenstruktur perfekt dem Untergrund anzupassen versteht, auf dem er liegt und auf Beute lauert. An einer elastischen „Angel", die nichts anderes ist als der 1. Stachel seiner Rückenflosse, schwenkt er über seiner Stirn einen weißlichen Hautfetzen. Kommt ein Nahrung witternder Fisch in die Nähe der Angel und damit des riesigen Mauls des Seeteufels, wird dieses plötzlich aufgerissen und das Opfer in den gewaltigen Rachen gesogen.

Korallengründe

Coralligène (= von Korallen gebildet) nennen die Franzosen eine bestimmte Art festen Grundes, der entweder in Form von Bänken der Steilküste auf ihrer sandigen Schwelle in 30 – 40 m Tiefe vorgelagert ist oder auch die Felsabfälle selbst als mehr oder weniger dicke Schicht „organischen Steins" überzieht. *Coralligène*, was wir üblicherweise mit *„Korallengrund"* übersetzen, entsteht aus dem Zusammenwirken und -leben zahlreicher kalkabscheidender Pflanzen und Tiere. An der Bildung beteiligt sind Kalkalgen, wie die schuppenartig wachsende, rotbraune *Peysonnelia squamaria*, das lappige, leuchtend rosarote *Pseudolithophyllum expansum* und die an kleine Opuntien erinnernde giftiggrüne *Pfennigalge* oder *Meerkette (Halimeda tuna)*.

Diese Algen wachsen teilweise übereinander, ersticken sich gegenseitig bzw. sterben an Lichtmangel infolge anfallender Sedimente. Auf dem abgelagerten Kalk siedeln neue Algen bzw. ebenfalls kalkabscheidende Meerestiere. Man findet hier verschiedene *Moostierchen* (frz.: Bryozoaires), unter denen das zarte Filigran des *Neptunschleiers (Sertella beanina*, frz.: Dentelles de Neptune) besonders auffällig ist. Die *Blattzweig-Moostierchen (Hippodiplosia foliacea)* bilden mit ihren gelblich-roten, blattartig flachen Zweigen oft dichte Netzwerke. Die korallenrote *Falsche Koralle (Myriapora truncata*, frz.: Faux Corail) hat scheinbar gestutzte Enden ihres bäumchenartigen Kalkskeletts. Auch sie ist ein Moostierchen und keine Koralle, trotz einer gewissen äußeren Ähnlichkeit mit der Edelkoralle.

Durch den Druck der sich aufhäufenden Kalksubstanz und die Verkittung mit Sedimenten bilden sich im Laufe von Jahrhunderten Massive, ausgedehnte Bänke oder pfeilerförmige Blöcke auf dem ebenen Sand- oder Schlammgrund. Abtragende Tiere wie Bohrschwämme, Bohrmuscheln und der Einfluß der Strömungen wirken mit bei der teilweisen Aushöhlung, Abschleifung und Zergliederung der Massive – in ständigem Wettstreit mit den aufbauenden Kräften. Zu letzteren zählen auch einige *Steinkorallenarten (Madreporaria*, frz.: Madréporaires), die in den tropischen Gewässern die großen Korallenriffe bilden. Einzeln oder höchstens in flachen, rasenförmigen Kolonien wächst hier die leuchtendgelbe *Nelkenkoralle (Leptopsammia pruvoti*, frz.: Dents de Chien). Die *Trugkoralle (Parerythropodium coralloides*, frz.: Faux Corail) täuscht falsche Verhältnisse vor: Sie überzieht z.B. das Achsenskelett abgestorbener Gorgonien, die auch zu den Baumeistern des Korallengrundes zählen, mit einem kardinalsroten Überzug. Wegen der weißlichen Polypen, die allerdings nur wenige mm groß sind, kann der Eindruck einer Edelkoralle erweckt werden (vergl. Bild (S. 79).

S. 82 o.: Der Kleine Rote Drachenkopf *(Scorpaena ustulata)* erreicht genau die gleiche Größe wie der Braune Drachenkopf. Allerdings fehlen ihm dessen Überaugententakel. Dafür hat er neben aussergewöhnlich großen Augen einen dunklen Fleck zwischen dem 8. und 10. Rückenflossenstrahl.

S. 82 u.: Der Große Drachenkopf *(Scorpaena scrofa)* (Länge bis 50 cm) ist leicht an den typischen Hautlappen unter dem Kinn zu erkennen.

S. 83 o.: Der bis 1.40 m lange Zackenbarsch *(Serranus gigas)* hat in Blockgründen sein Wohn- und Jagdrevier.

S. 83 u.: Gestreifter Schleimfisch *(Blennius gattorugine)* in Lauerstellung (Länge ca. 8 cm).

Zahlreiche Muscheln, Schnecken und Röhrenwürmer fühlen sich auf Korallengrund ausgesprochen wohl. Der *Kalkröhrenwurm (Serpula vermicularis,* frz.: Serpule) streckt seine rot-weiß-gebänderte Tentakelkrone aus einer dünnen, starren Kalkröhre heraus. Die farbenprächtige *Schraubensabelle (Spirographis spallanzanii,* frz.: Spirographe) hingegen lebt in einer elastischen Wohnröhre. Die nur mm-dicken Röhren der *Salmacina dysteri* sind ineinander verschlungen und bilden strauchähnliche, kleine Büschel.
An den Flanken der Coralligène-Formationen entdeckt man leicht die tonnenförmigen Gebilde der *Roten Seescheide (Halocynthia papillosa,* frz.: Ascidie rouge). Sie ist ein Filtrierer, der durch eine achsiale Öffnung Wasser ansaugt, das nach Verwertung des Sauerstoffs und Planktons im Kiemen-Magen-Bereich durch einen seitlichen Auslaß wieder herausgepreßt wird. Die *Microcosmus-Seescheide (Microcosmus sulcatus,* frz.: Violet) ist meist vollständig von Algen, Schwämmen, Moostierchen und Röhrenwürmern bewachsen, so daß nur ein geschultes Auges sie an den rot-weiß gestreiften Öffnungen erkennt. Das ist ihre Chance, denn die Innereien gelten bei den Meridionalen als Delikatesse.
Nicht selten ragen aus den Erosionslöchern des tieferen Korallengrundes die rötlich-gelb gebänderten Antennen der *Europäischen Languste (Palinurus vulgaris,* frz.: Langouste). Nachts krabbelt sie auf Nahrungssuche die Massive ab. Krake und Conger, die die Languste beide „zum Fressen gerne haben", besuchen daher in der Dunkelheit mit Vorliebe die Korallengründe. Diese bilden insgesamt einen äußerst reich besiedelten Lebensraum, dessen Einzelheiten eine gezielte Betrachtung lohnen.

Seegraswiesen

Weite, ebene Sandflächen, die mit Seegräsern dicht bewachsen sind, erregen selten das Interesse von Hobbytauchern, haben aber eine fundamentale Bedeutung für das Leben im Meer. Um die Inseln von Hyères ist es fast ausnahmslos die bis über 1 m hohe *Posidonie (Posidonia oceanica,* frz.: Posidonie), auch *Neptunsgras* genannt, die regelrechte „Wiesen" bildet. Ihre ca. 8 – 11 mm breiten, saftiggrünen Blätter sprießen aus einem faserigen Wurzelstock *(Rhizom).* Wo die Pflanzen wegen Raummangels nicht die Möglichkeit haben, durch Ableger in die Breite zu wachsen, orientieren sie sich nach oben. Die Zwischenräume zwischen den sich dicht verfilzenden Wurzelstöcken werden durch Sand, die Fasern abgestorbener Blätter und Rhizome und Sedimente aufgefüllt. Unter Verfestigung wächst so ein Posidoniendickicht, das man auch eine „Matte" nennt, mit der Zeit in die Höhe. Das geschieht sehr langsam. Schätzungen ergaben einen mittleren Niveauzuwachs von 1 m pro Jahrhundert. Örtliche Gegebenheiten beeinflussen in starkem Maße die Wachstumsgeschwindigkeit. In der Bucht von Port-Cros haben sich regelrechte Saumriffe aus überhöhten Posidonienmatten gebildet, hinter denen zur Küste hin Lagunen mit stagnierenden Wassern und im Sommer schwierigen Lebensbedingungen entstanden. Hier wachsen nur noch das robustere *Kleine Seegras (Zostera noltii,* frz.: Zostère) und das ebenfalls schmalblättrige *Tanggras (Cymodocea nodosa,* frz.: Cymodocée).
Die Posidonien gehören zu den Blütenpflanzen und vermehren sich daher auch geschlechtlich. Sie bilden oberhalb des Rhizoms – etwa im Oktober – zarte, hell-

grüne Blüten (vergl. Abb. S. 70). Der Pollen wird durch die Wasserströmung verbreitet und kann so andere Blüten befruchten. Da keine Lockfunktion für Insekten zu erfüllen ist, können sich die Blüten diese unauffällige Farbe „leisten". Es ist jedoch zu beobachten, daß die Posidonien im westlichen Mittelmeer sehr selten blühen, so daß die Form der Ausbreitung der Pflanzen über Samen, die dunkelbraun und olivenförmig sind, keine große Rolle spielt.
Posidonienmatten findet man zwischen 3 und 40 m Tiefe, und sie tragen wesentlich zur Stabilisierung von Sandküsten bei. Ihre Obergrenze wird bestimmt durch den Spülsaum, in dem durch die Brandung der Sandgrund in ständiger Bewegung ist und jedes keimende Leben zermalen wird. Die Untergrenze der Posidonien wird hauptsächlich durch den Grad der *Wassertrübung* insbesondere durch Schwebeteilchen und Sinkstoffe festgelegt. Als im Meer lebende grüne Pflanzen sind die Posidonien für ihre Assimilation auf die Energie des Sonnenlichtes angewiesen. Wo dieses nicht mehr in hinreichendem Maße hingelangt, kann auch das Neptunsgras nicht mehr wachsen. Wo allerdings die Wasserqualität gut ist – und das ist in vielen Buchten um die Inseln von Hyères der Fall – gedeiht die Posidonie hervorragend. Und sie beliefert das an Biogasen arme Mittelmeerwasser reichlich mit dem Sauerstoff, der tagsüber bei ihrer Photosynthese (Bildung organischer Substanz mit Hilfe des Chlorophylls) freiwird. Dieser positive biologische Effekt ist noch weit höher einzuschätzen als die Schutzfunktion der Posidonienmatten für die Sandküsten. Außerdem bilden die Posidoniendickichte mit ihren Rinnen, Spalten und Höhlungen eine ideale Zufluchts- und Weidestätte speziell für kleinere Fischarten. Und selbst größere finden sich hier im Frühjahr zum Laichen ein, da die Brut in dem dichten Blätterdschungel wesentlich besser vor den Nachstellungen der Räuber geschützt ist als an algenbewachsenen Felsküsten oder gar im freien Wasser. Man hat deshalb die Posidoniendickichte auch als die „Kinderstube des Meeres" bezeichnet. Aber neben der oft vorübergehend in den großen Seegräsern lebenden Fischbrut bevölkern nach Schätzungen der Meeresbiologen einige tausend Tierarten ständig diesen Lebensraum. Zu ihnen gesellen sich über 400 Algenarten. Diese Organismen leben teils als *Epiphyten* direkt festsitzend auf den Posidonienblättern, die gegenüber der Bodenfläche, auf der sie wachsen, eine um rd. 40 mal größere besiedelbare Fläche darstellen. Teils wachsen sie zwischen den Rhizomen im Schutz und Schatten der langen Blätter, teils leben sie zwischen den sich in der Strömung wiegenden Blattenden, teils ernähren sie sich von diesen sogar.

S. 86 o.: Der urweltlich anmutende Seeteufel *(Lophius piscatorius)* lockt mit einem weißlichen Hautlappen an seinem 1. Rückenflossenstrahl Beutefische in die Nähe seines bis 40 cm breiten Maules.

S. 86 u.: Vor und in Höhlen trifft man die anmutigen Fahnenbarsche *(Anthias anthias)*, die meist in kleineren Verbänden auftreten (Länge ca. 12 cm).

S. 87 o.: Zart gefiedert sind die Tentakel der Polypen der Gelben Gorgonie *(Eunicella cavolinii)* (Ausschnittbreite ca. 8 cm).

S. 87 u.: Paarung von 2 Sternschnecken *(Hypselodoris elegans)*, die zu den Nacktschnecken gehören (Länge ca. 10 cm).

Da fallen sofort die Schwärme der hochrückigen *Goldstriemen (Sarpa salpa,* frz.: Saupe) auf, die zu Hunderten die Posidonien abweiden, wobei sie sich sowohl für den epiphytischen Bewuchs der Blätter als auch für diese selbst interessieren. Sie stehen dabei in Konkurrenz, was man nicht vermutet, mit dem eßbaren *Steinseeigel (Paracentrotus lividus,* frz.: Oursin comestible oder Châtaigne de Mer), der nachts aus seinem Schlupfwinkel hervorkriecht und sich mit Hilfe seiner saugnapfbewehrten Ambulacralfüßchen an den Blättern hochhangelt und dabei eine große Gefräßigkeit entwickelt. Den leicht giftigen *Violetten Seeigel (Sphaerechinus granularis,* frz.: Oursin violet) findet man stets in Grundnähe, da sein Appetit sich nicht auf die Posidonienblätter, sondern auf deren Rhizome richtet. Am Fuße der Posidonien, insbesondere auf sandig-schlammigen Freiflächen zwischen den Matten, trifft man andere Stachelhäuter meist in größeren Zahlen, die *Seegurken* oder *Holothurien* (frz.: Holothuries oder Concombres de Mer). Sie interessieren sich für die unverdaulichen Reste der Mahlzeiten von Goldstriemen und Seeigeln, die sie selbst noch weiter „verarbeiten" können. Man sieht hier ein schönes Beispiel für eine „Zuarbeitewirtschaft" zwischen pflanzenfressenden Tieren, welche die hohen Blattstände direkt angehen können, und bodenkriechenden Abfallfressern.
In den sandig-schlammigen Flächen zwischen tieferen Matten ragen nicht selten noch die großen *Steckmuscheln (Pinna spec.,* frz.: Jambonneau de Mer) aus dem Grund, die in weiten Teilen des Mittelmeeres bereits vollständig ausgeräubert wurden. Hier kann man auch die bis 80 cm großen *Kammseesterne (Astropecten spec.,* frz.: Grande Etoile de Mer) finden, die sich tagsüber allerdings meist im weichen Grund eingraben.
Zu den typischen Fischen, welche in Posidonienwiesen heimisch sind, gehört der *Augenfleck-Lippfisch (Symphodus ocellatus,* frz.: Crénilabre ocellé), der am hinteren Rand des Kiemendeckels einen rötlich eingefaßten, rechteckigen (beim Weibchen bräunlichen, beim Männchen bläulichen) Fleck trägt. Über tieferen Posidonien promenieren große Verbände des *Laxierfisches (Maena maena,* frz.: Mendole commune), auf dessen blau-grauer Körperseite ein dunkler Rechteckfleck unübersehbar ist. In den Kanälen zwischen den Matten kann man oft den *Gemeinen Tintenfisch (Sepia officinalis,* frz.: Seiche) jagen sehen, der, wenn er sich bedroht fühlt, unter Farbanpassung sofort im Posidoniendikkicht verschwindet bzw. sich mit Hilfe seines Flossensaumes blitzschnell so weit im lockeren Sand „eingräbt", daß nur noch die vorquellenden geschlitzten Augen sichtbar bleiben.
Die Posidonienwiesen stellen mit Abstand den reichsten und für die Erhaltung der Tier- und Pflanzenbestände des Mittelmeeres bedeutendsten Lebensraum dar. Leider sind sie fast überall im Rückschritt begriffen. Dazu tragen in starkem Maße bei die Verschmutzung des Meeres, seine lokale Überladung mit Sedimenten sowie Baumaßnahmen von Häfen und „Städten im Meer", die weite Areale von Seegraswiesen irreparabel zerstören. Aber auch die Anker zahlreicher Schiffe und Sportboote richten gerade im Bereich der Inseln von Hyères unvorstellbare Schäden an: Beim Einholen des Ankers werden in der Regel Pakete von Posidonien und Rhizomen herausgerissen. Da solche Wunden wegen

des langsamen Wachstums der Rhizome erst in Jahrzehnten verheilt sein können, hat in der Zwischenzeit die geschwächte Matte meist bereits dem nagenden Einfluß der hier häufigen Strömungen nachgegeben und möglicherweise eine tiefe, oft fatale Bresche hinnehmen müssen. Daß durch die immer noch praktizierte Schleppfischerei in der Bucht von Hyères ähnliche Verwüstungen angerichtet werden, bedarf keiner Erläuterung. Jeder sollte sich der Tatsache bewußt sein, daß mit der Zerstörung der Posidonienwiesen die wichtigsten Oasen im Saum der mediterranen Hochsee„wüsten" verlorengehen würden.

S. 90: Dicht besetzen die Polypen der Roten Gorgonie *(Paramuricea chamaeleon)* das hornige Skelett der Kolonie, die bis 1,5 m hoch werden kann (Ausschnitthöhe ca. 15 cm).

S. 91 o.: Anker, die ohne Umsicht geworfen werden, richten oft irreparable Schäden am Bodenbewuchs an. Am Steilabfall der Insel Gabinière wurde hier eine große Fächerkoralle *(Paramuricea clavata)* vom Felsengrund gerissen.

S. 91 u.: Stacheliger Eisstern *(Marthasterias glacialis)*, ein Bewohner von Hartböden (Armlänge hier ca. 12 cm).

„Franz, ich habe einen Schatz gefunden!“
„Ich auch, Liebste!“

Besonders attraktive Tauchplätze

Die Strömungen im betrachteten Seegebiet streichen in der Regel von Ost nach West. Insbesondere bei dem (meistens Wolken und Regen bringenden) *Ostwind* können sie gefährlich verstärkt werden, so daß für Taucher besondere Vorsicht geboten ist und viele Tauchgänge nicht durchführbar sind.
Das gilt aber auch, wenn der böige, kühle *Mistral* aus Nordwest bläst. Er tritt, auch im Sommer, für den „meteorologischen Laien“ oft unvermutet und plötzlich auf – bei stahlblauem Himmel. Windgeschwindigkeiten von 70 – 80 km/Std. sind selbst in der warmen Jahreszeit nicht ungewöhnlich. Außerordentlich starke Wasserströmungen treten speziell an den Engstellen zwischen den Inseln auf. Taucher sollten beim Ankern stets einen *Bootsführer* an Bord behalten, während sie auf Tiefe sind. Andernfalls könnten sie nach plötzlich aufkommendem Wind beim Auftauchen vergeblich nach ihrem Boot Ausschau halten.
Wer mit einem Schlauchboot und zu schwachem Motor zu den Inseln fährt, läuft Gefahr, gegen den auffrischenden Mistral nicht mehr zum Festland zurückkehren zu können. Ein 3 – 4-Personenboot sollte für solche Exkursionen wenigstens 40 PS haben. Es ist leichtsinnig, vor dem Auslaufen keine „Meteo“ einzuholen. Die Tageswettervorhersage kann erhalten werden über die „Capitainerie“ eines der Festlandshäfen, über Radio oder per Telefon (automat. Beantworter unter Nr. 94 46 90 11).

Der Mistral weht oft während mehrerer Tage mit unverminderter Stärke, so daß eine unvorsichtige Ausfahrt im günstigsten Falle mit einem längeren Aufenthalt auf den Inseln enden kann. Man setzt aber möglicherweise auch seine Gesundheit aufs Spiel, wenn man die Witterungssituation falsch einschätzt. Die einheimischen Clubs besitzen, im Gegensatz zu den meisten Touristen, meistens eine langjährige, überkommene *Wetterkenntnis.*
Folgende nachstehend beschriebene Tauchplätze sind nicht praktikabel bei starkem
Ostwind: Tourelle de l'Esquillade, La Gabinière, Sec des Sarraniers, praktisch alle Wracks und Tauchplätze um Porquerolles (mit Ausnahme der Westseite der Spitze Escampobariou und des Sec de la Jeaune-Garde).
Mistral:Tourelle de l'Esquillade, Pointe de la Galère, Nordspitze von Bagaud, praktisch alle Tauchplätze um Porquerolles (außer Cap d'Arme) einschl. der Wracks in der Umgebung. Für letztere gilt im übrigen, daß sie genußvoll und mühelos nur betaucht werden können, wenn gutes Wetter mit Windstille einige Tage bestanden hat.
Im Hinblick auf die *Wracks* und interessanten *Untiefen* (frz.: Secs, Sèches) in diesem Bereich, die nur bei guter Ortskenntnis und in der Regel mit Echolot gefunden werden können, empfiehlt es sich, Tauchausfahrten mit den im Anhang aufgeführten *Clubs* durchzuführen, die auch mit den meteorologischen und davon abhängigen Strömungs- und Seegangsbedingungen vertraut sind.
Die nachfolgende Übersicht über Tauchplätze auf den Inseln von Hyères stellt nur die bekanntesten von den fast 200 vor, die von den einheimischen Clubs angefahren werden. Noch zahlreiche andere Stellen lohnen einen Tauchgang. Dem privaten Entdeckergeist sei keine Schranke gesetzt. Wer nicht in der glücklichen Lage ist, ein eigenes Boot zur Verfügung zu haben, aber dennoch in eigener Regie tauchen möchte, kann mit den regelmäßigen Linienschiffen (vergl. S. 16) zu den Inseln übersetzen. Verfügt man über einige Kenntnisse der Landessprache – was auch für andere Situationen sehr von Vorteil ist –, kann man auch Fischer mit ihren Barken als „Tauchtaxis" anheuern.
Die *Festlandsküste* bietet im Abschnitt vor den Inseln *wenig lohnende Tauchgründe*, so daß in diesem Führer darauf nicht eingegangen wird.

Sektor Ile du Levant

Außer einem ca. 4 km langen Küstenstreifen genau im Westen der Insel (etwa vom *Cap Laysset* bis zum *Cap Maupertuis)* sind die herrlichen Felsküsten für Boote und Taucher wegen einer militärischen Sperrzone (vergl. S. 21) nicht zugänglich.

S. 94: Umwerbung

S. 95: Im „Congerwrack" vor der Insel Bagaud hausen zahlreiche Meeraale *(Conger conger)*, von denen einige mehr als 2 m messen.

La Tourelle de l'Esquillade

Rd. 2 km im Osten der Insel Levant erhebt sich, weit außerhalb der Sperrzone, auf einem winzigen Felseneiland ein festes Seezeichen.

Ankern: In unmittelbarer Nähe des Seezeichens bei -10 bis -20 m Grund. Von der Markierung nach Südwest erstreckt sich ein ausgedehntes Blockfeld, das bei -35 m in leicht abfallende Sandflächen, teilweise noch mit Seegrasbewuchs, übergeht. In den Spalten und Löchern zahlreiche Höhlenbewohner (Conger, Muränen, Langusten usw.), reicher tierischer und pflanzlicher Felsbewuchs. Schwarmfische, im Sommer nicht selten Gruppen räuberischer Großfische, wie die bis 2 m großen *Gabelmakrelen (Lichia amia,* frz.: Liche), die dort jagen.

Le Cap Maupertuis

Äußerste Südspitze der Ile du Levant, östlich beginnt die militärische Zone.

Ankern: je nach Windrichtung an der jeweils geschützten Seite des Kaps. Ein Felsgrat sinkt in Verlängerung des Kaps bis auf -45 m ab. Man folge diesem, je nach den hier oft starken Strömungen, auf der „richtigen" Seite in die Tiefe. Am buntesten und belebtesten ist die Ostflanke. Dort großer Felsen mit zahlreichen kleinen Höhlen, die mannigfaltig belebt sind. Auf der Westseite des Grats Blockfelder mit den typischen Bewohnern Muränen, Langusten, Katzenhaie, Brassen usw.

Benzène

1948 bzw. 1967 wurden 2 Schiffe, die „Polyphème", die die Hauptrolle in Cousteaus Film „Wracks" spielte und der Tanker „Benzène" als Wellenbrecher unmittelbar vor dem Anleger von *L'Ayguade,* dem Zubringer für den zivilen Teil der Insel Levant, auf niedrigem Grund versenkt. Die traditionsreiche „Polyphème" wurde leider 1986 abgebaggert und durch einen Steindamm ersetzt.

Ankern: zweckmäßigerweise nördlich des verbleibenden Wracks, da auf der Südseite die Linienschiffe nach L'Ayguade passieren.

Wegen der geringen Tiefe (bis -6 m) geeignet auch für Kinder und Anfänger, die eine erste Begegnung mit einem „richtigen" Wrack erleben möchten. Zahlreiche Kleinfische und vielfältiger Bewuchs des Stahlskeletts.

Sektor Port-Cros

(vergl. auch S. 64 „Der Unterwasser-Lehrpfad von La Palu")

La Pointe de la Galère

Es handelt sich um die nördlichste Spitze von Port-Cros.

Ankern:Je nach der Windrichtung auf der einen oder anderen Seite des schräg zum Meer abfallenden Felsgrates. Dieser setzt sich mit leichtem Gefälle noch 250 m unter Wasser nach Nord-Nordost fort, bis bei -40 m Sandgrund erreicht wird. Die Strömungen, die hier selten stark sind, kommen meistens von Ost. Dementsprechend ist auch die Ostseite am farbigsten bewachsen. Es lohnt, wegen reicher Kleinfauna, die Details zu studieren. Auch Anfänger, die nicht so tief absteigen wollen, sind hier restlos begeistert von der Vielfalt an fixiertem Leben, aber auch an Fischen, unter denen Conger, Muränen und überdimensionale Meerbrassen, die in großen Verbänden auftreten, Erwähnung verdienen.

La Tourelle de la Dame

Ca. 800 m südlich der Spitze von *Port-Man* befindet sich ein festes, turmförmiges Seezeichen, das obigen Namen trägt.

Ankern: 20 m davon entfernt nach Westen bei 5 bis 10 m Wassertiefe. Die Tauchstelle, die relativ gut gegen den Mistral geschützt ist, wird bei Ostwind durch starke Strömungen beeinträchtigt. Östlich des Seezeichens fällt eine Nord-Süd-orientierte Steilwand auf -15 m ab. Im weiteren Umkreis findet man Blockgründe (bis -35 m), die zwar relativ kahl sind, aber von großen Fischschwärmen bevölkert werden.

Neben den Höhlen und Spalten bewohnenden Muränen, *Meerraben (Sciaena umbra*, frz.: Corb oder Corbeau), Katzenhaien und – mit etwas Glück – auch Zackenbarschen findet man Wolken von kleinen Felsenfischen (Mönchsfische, verschiedene Brassenarten, Lippfische). Ein lohnender Tauchgang auch für den Anfänger.

La Pointe du Vaisseau

Folgt man der Küste der Insel Port-Cros von der *Tourelle de la Dame* in südwestlicher Richtung, erreicht man, rd. 2 km vom Seezeichen entfernt, nach Passieren der eindrucksvollen Sandsteinformationen des „*Tuf*“ (vergl. S. 25), den von hoher Steilküste abfallenden, bewaldeten Vorsprung des „*Vaisseau*“ als erste von 4 weit herausragenden Felsnasen bis zum Erreichen des Inselchens von La Gabinière.

Ankern: Unmittelbar am Felsvorsprung auf ca. -10 m Felsengrund. Auch Anfänger werden von dem dicht und bunt bewachsenen, durch Fischschwärme reich belebten Felschaos begeistert sein. Große Blöcke, wirr übereinander getürmt, bieten reichlich Lebensräume für Zackenbarsche, Meerraben und andere Liebhaber solch idealer Schlupfwinkel. Das Wasser ist meist kristallklar. Strömungen sind insbesondere bei Ostwind zu befürchten. Gegen den Mistral ist der Platz relativ gut geschützt.

La Gabinière

Dies Felseninselchen rd. 500 m südlich der Pointe du Vallon auf Port-Cros bietet für sich allein hinreichend Abwechslung für ein halbes Dutzend Tauchgänge rings um das kahle, zum Nationalpark gehörende Eiland, Tauchgänge, die zu den schönsten im Bereich der Inseln zählen.

Ankern: Auf einer felsigen Untiefe 150 m südlich des Inselchens bei -10 m Grund (auf dem *Sec de la Gabinière)* oder in einer deutlich auszumachenden kleinen Bucht an der Nordseite von La Gabinière oder auf der interessanten Ostflanke unmittelbar unter der Steilwand bei -10 m Felsgrund. ***ACHTUNG,*** nur mit größter Vorsicht ankern wegen der Gefahr, die herrlichen „Wälder“ von Roten Gorgonien zu beschädigen, die hier in Tiefen unterhalb von etwa 20 m üppig gedeihen! Ein Hinweis darauf, daß hier (besonders auf dem Sec) häufig starke Strömungen herrschen. Schönes Wetter seit einigen Tagen ist wichtige Voraussetzung für einen angenehmen Tauchgang. Bestenfalls ist leichter Mistral tolerierbar.

Wenn aber das Wetter mitspielt, kann man Spitzenerlebnisse erwarten. Voraussetzung ist ruhiges, besonnenes Verhalten, wenn einem schon bei 15 m Tiefe die ersten *Zackenbarsche* gegenüberstehen. Man sollte den Tieren die Initiative überlassen und nicht versuchen, hinter ihnen herzutauchen. Nur so wird man sie aus nächster Nähe betrachten können. Ein halbes Dutzend zu erleben ist keine Seltenheit. Schwärme von Mönchsfischen, Meerjunkern, Gold- und Gelbstriemen bevölkern die relativ vegetationsarmen Steilabfälle. *Spitzbrassen (Charax puntazzo*, frz.: Sar Tambour), die wenig Scheu zeigen, erreichen hier 40 – 50 cm Länge. In 30 – 40 m Tiefe, wo übereinandergestürzte Felsblöcke nicht nur für Zackis ideale Schlupfwinkel bereithalten, kann man auf Seeteufel treffen. Sommertags beobachtet man oft größere Raubfische wie *Goldbrassen (Sparus auratus*, frz.: Dorade royale), *Wolfsbarsche (Dicentrarchus labrax*, frz.: Loup, Bar) oder Stachelmakrelen bei der Jagd.

Sektor Bagaud

La Pointe de Montrémian

Von den beiden Spitzen der Nordküste der Insel Bagaud ist sie die westlichste. Die Insel selbst darf als Tierreservat nicht betreten werden. Sie gehört mit einem angrenzenden Meeresstreifen von 600 m Breite noch zum Nationalpark von Port-Cros.

Ankern: Unmittelbar an der Spitze, wobei Riffe direkt unter der Wasseroberfläche zu beachten sind.

Ein Felsgrat fällt nach Nordwesten ab und geht in -40 m in Sandgrund über. Folgt man der Richtung noch etwa 80 m, überrascht einen ein dichtbewachsener, hochragender Felskegel, der Heimat zahlreicher Fische ist. Große Gorgonienfächer weisen auf bisweilen heftige Strömungen hin.

In den tieferen Blockfeldern sind ideale Unterschlupfe für Muränen, Conger und Zackenbarsche. Aber auch Brassenschwärme und Drachenköpfe beleben die Felsstürze. Im September/Oktober trifft man häufig Rochenschwärme, die hierhin zum Laichen kommen.

La Barge à Congres – Das Congerwrack

Rd. 250 m nordwestlich der Spitze von *Montrémian*, noch innerhalb der Gewässer des Nationalparks, liegen auf -48 m die Reste eines flachen Lastkahns (frz.: Chaland), der einen stählernen Kran trug und um 1950 bei Sturm kenterte und sank. Das auf ebenem Sandgrund ruhende Wrack ist leicht mit dem Echolot zu orten.

Ankern: Direkt auf dem Wrack, wobei wegen häufiger Strömungen ein Abstieg am Ankertau oder einer Bleileine ratsam ist. Die hölzernen Teile des Kahns sind weitgehend zerfallen, doch in dem, was noch geblieben ist, hausen „Großfamilien" von Congern, die sich inzwischen daran gewöhnt haben, daß tauchende Besucher nie mit leeren Händen kommen. Für ein paar Sardinen führen sie dann wahre Fiestas mit vollem Ensemble auf, so daß in den aufgewühlten Sedimenten die Unterscheidung zwischen Tauchern und Congern manchmal schwerfällt. Bei aller Begeisterung über das wilde Spiel mit den muskulösen, grauen, bis zu 2 m langen Leibern der Fische sollte man bedenken, daß es sich nicht um Haustiere handelt. Mund-zu-Maul-Befütterung hat hier schon zu schweren Unfällen geführt. Leider werden im Getümmel oft die ungewöhnlich großen *Gabeldorsche* (*Phycis spec.*, frz.: Moustelle oder Mostelle) und *Meerbarben (Mullus spec.*, frz.: Rouget) übersehen, die hier ebenfalls anzutreffen sind. Selbst ein riesiger Hummer wurde im Wrack gefunden. Wie konnte der nur bei so gefräßigen Nachbarn überleben?

La Fourmigue
Ein winziges, kahles Felseneiland inmitten der Bucht von Bormes, rd. 4 km südöstlich von Le Lavandou. Es trägt ein (nachts leuchtendes) *Seezeichen* und ist leicht zu entdecken.
Ankern: Je nach Windrichtung westlich oder östlich des Inselchens bei -10 m Grund. Ein algenbewachsener Felskegel mit einigen Spalten und Löchern erhebt sich über dem etwa 23 m tiefen Sandgrund. Kraken, Sepias und Drachenköpfe sind nicht selten. Große Fischschwärme (Mönchsfische, Brassen, Lippfische) bevölkern stets das Eiland und das 100 m weiter westlich ruhende Wrack der *„Spahis“*.
Dieser 53 m lange Personen-Frachtdampfer übersah 1887 in einer stürmischen Regennacht des Oktobers das Felseninselchen. Fast 2 Dutzend Opfer waren zu beklagen. Inzwischen hat die Zeit ihre Arbeit getan, die Holzteile sind verschwunden, das Stahlskelett ist bewachsen. Ein Betauchen des Rumpfrestes ist auch für Anfänger ohne größere Schwierigkeit möglich. Unter dem auf der Seite liegenden Wrack hausen Conger. Einst war es die Wohnstätte des legendären, über 20 kg schweren, gezähmten Zackenbarsches „Prosper“, der viele Jahre lang zutraulicher Spielgefährte aller Taucher war, bis ihn ein besonders „mutiger“ Harpunetti in die „Ewigen Jagdgründe“ der Zackenbarsche beförderte.

Sektor Porquerolles

Wrack der „Ferrando“
Mitten in der Bucht von Hyères, ca. 5,5 km nord-nordwestlich des *Cap des Mèdes* auf Porquerolles, ruht auf Sand- bzw. Schlammgrund in 25 m Tiefe ein großer Kohlefrachter. 1893 geriet er in ein militärisches Manöver und sank nach Kollision mit dem Kreuzer „Amiral Cécile“. Seine Ladung Briketts liegt weit verteilt um das inzwischen sehr abgeplattete Wrack, das eine Länge von 80 m heute mit Bruchstücken überdeckt. Von Interesse ist es wegen seines Fischreichtums, da dieser Bereich von den in der Bucht von Hyères operierenden Schleppfischern aus verständlichen Gründen gemieden wird.
Ankern: auf dem Wrack oder in seiner Nähe. Bei gutem Wetter sind hier Strömungen selten.

Rocher des Mèdes (Mederfelsen)
Unmittelbar dem *Cap des Mèdes*, der Nordost-Spitze von Porquerolles, vorgelagert ragen einige Felspyramiden aus dem Wasser, von denen zwei einen mächtigen Steinklotz zwischen sich eingeklemmt halten, so daß dieser in einem sehr labilen Gleichgewichtszustand erscheint.
Ankern:Je nach der Windrichtung unmittelbar an den Felsen auf -10 m bzw. an einer geeigneten Seite des Cap des Mèdes, wobei eine bis ans Kap reichende Ankerverbotszone zu beachten ist.
Die Rocher des Mèdes setzen sich unter Wasser in phantastisch bewachsenen Steilwänden mit Schluchten fort (Rote und Gelbe Gorgonien, vielfarbige Schwämme, Krustenanemonenteppiche – man achte auf die Kleinlebewesen wie Nacktschnecken z.B. – bis auf -28 m). Bei schönem Wetter ein großes Erlebnis auch für Anfänger. Das Kap selbst ist weniger eindrucksvoll.
Wenig weiter im Norden bietet die Untiefe *Sec des Gendarmes* ähnliche Pflanzen- und Tiergruppierungen.

Le Sec des Sarraniers
Das langgestreckte unterseeische Plateau liegt 2,7 km in Richtung Ost-Südost vom Inselchen *„Le Petit Sarranier"*, das der Südspitze von Porquerolles vorgelagert ist, entfernt und kann wegen seiner Gipfelhöhe von -18 m nur mit dem Echolot gefunden werden.
Ankern: Über dem Plateau, das zwischen -18 m und -28 m variiert. Ein Ort für die Freunde grandioser Unterwasser-Landschaft mit gewaltigen Roten Gorgonienfächern und einer reich bestückten Steilwand im Osten, die auf -45 m abfällt. Dazu kristallklares Wasser und Fischschwärme, wie sonst nirgends um Porquerolles. Bei sehr schönem Wetter – nur dann ist wegen der freien Lage ein Tauchgang hier sinnvoll – wird insbesondere das Herz des Unterwasser-Photographen hier höher schlagen.

Wrack der „Donator"
Ungefähr 1,5 km im Ost-Südosten des Inselchens *„Le Petit Sarranier"* ruht in aufrechter Position auf Sandgrund in -52 m ein 78 m langer algerischer Weinfrachter, dem, als der letzte Weltkrieg bereits beendet war, am 10. Okt. 1945 eine losgerissene Mine zum Schicksal wurde. Die *„Prosper Schiaffino"*, heute meist nach ihrem ursprünglichen italienischen Namen als *„Donator"* bezeichnet, sank innerhalb von 4 Minuten.
Genaue Ortskenntnis ist erforderlich, um das Wrack mit dem Echolot zu orten.
Ankern: Am besten in den Aufbauten des Wracks, da häufige und starke Strömungen einen Abstieg längs des Ankertaus angeraten sein lassen. Man kann noch in die Laderäume und gewisse Kabinen eindringen – was bei starken Strömungen als angenehm empfunden wird. Das Schiff ist über und über von hauptsächlich tierischem Bewuchs überzogen. Die farbwechselnde Gorgonie zeigt

---

S. 101: Im Wrack der „Spahis"

sich in den leuchtendsten Rot- und Gelbtönen. Bunte Schwämme wechseln ab mit Seescheiden, Röhrenwürmern, Austern. Dazu eine Vielzahl und Vielfalt von Fischen (Muränen, Conger, Zackenbarsche, Gabeldorsche, Große Rote Drachenköpfe, Brassen). Schwärme von Gelbstriemen, Laxierfischen, Mönchsfischen und Fahnenbarschen umkreisen den hochaufragenden Mast bzw. durchziehen die verkrusteten Stahlgerippe. Eines der eindrucksvollsten Wracks der französischen Mittelmeerküsten, ein Tauchgang der Superlative für erfahrene Taucher.

Wrack der „Grec"

Eigentlich dampfte der im Volksmund *„Le Grec"* (der Grieche) genannte Weinfrachter unter der Flagge Panamas und hieß mit wahrem Namen *„Sagona"*. Nur 2 Monate nach der *„Donator"* lief auch er am 3. Dez. 1945 auf eine treibende deutsche Mine des letzten Krieges. Bei der Explosion brach das 20 m lange Vorschiff ab und driftete rd. 60 m ab. Es liegt auf der Backbordseite, wohingegen das rd. 40 m lange, gut erhaltene Heckteil aufrecht auf dem hier 47 m tiefen Sandgrund steht. Die Position ist nur wenige hundert Meter im Nordosten der vorbeschriebenen *„Donator"*.Ortung muß mit dem Echolot erfolgen.
Ankern: Direkt über dem Wrack und, wegen der häufigen starken Strömungen, Abstieg längs des Ankertaus. Wie die *„Donator"* ist die „Grec" üppig bewachsen. Von Bewuchs und Bewohnung her ähneln sich beide Schiffe. Da wegen der tiefen Lage der Wracks ein Tauchgang nur kurz sein kann, bietet die überschaubarere *„Grec"* Vorteile. Bei ihr ist im übrigen das Heckteil wesentlich abwechslungsreicher als der Bug.

Le Cap d'Arme

Es handelt sich hier um die südlichste Spitze von *Porquerolles*, die vom Leuchtturm oberhalb des Kliffs überragt wird.
Ankern: Unmittelbar unter dem Turm bei -10 bis -20 m Felsgrund vor dem *Rocher de la Croix* (Kreuzfelsen). Die einzige interessante Stelle von Porquerolles, die auch bei mäßigem Mistral betaucht werden kann, bietet in beiden Richtungen längs der Steilküste Blockgründe, die bei -35 m in Sandgrund übergehen. Bei in der Regel sehr klarem Wasser sieht man in erster Linie die typischen Fische und den Bewuchs einer Felsküste. Auch für Anfänger geeignet.

Le Sec de la Jeaune-Garde

Felsige Erhebungen, die kegelförmig von -45 m bis wenige Meter unter die Wasseroberfläche emporragen. Sie befinden sich rd. 700 m im Südwesten des *Leuchttürmchens „Jeaune-Garde"* an der *Petite Passe*, der Meerenge zwischen Porquerolles und der Insel Grand Ribaud.

S. 103 o.: Ein Stockanker hängt noch in den Superstrukturen des Wracks der „Michel C" (Vordersteven auf -39 m).
S. 103 u.: Das Wrack der „Donator" ist dicht überwachsen von bunten Fächern der Hornkorallen

Ankern: Direkt auf den Erhebungen des Secs, die allerdings wegen ihrer Kleinheit eventuell schwierig zu finden sind.
Die Felsstöcke sind in buntesten Farben und Formen bewachsen, so daß sich eine wendelförmige „Erforschung“ von unten nach oben empfiehlt. Man sollte besonders auf die Kleinlebewesen achten. In der Petite Passe herrschen bisweilen heftige Strömungen, so daß Anfänger hier dann vielleicht überfordert sind.

Wracks der „Ville de Grasse“ und des „Michel C“

Zwei Wracks liegen relativ nahe beieinander in der *Petite Passe* zwischen Porquerolles und der Insel Grand Ribaud. Die Stellen sind nur bei guter Ortskenntnis und mittels Echolot zu finden.
Ankern: In beiden Fällen möglichst auf den Wracks und Abstieg an der Ankerleine, da stärkere Strömungen hier häufig sind.
Die *„Ville de Grasse“*, ein kleiner Schaufelraddampfer der Luxusklasse, stieß 1851 nachts mit einem anderen Passagierschiff, der *„Ville de Marseille“* zusammen und wurde von letzterer bei der Kollision in 2 Hälften zerschnitten. Die *„Ville de Marseille“*, ebenfalls leckgeschlagen, entfernte sich rasch von der Unglücksstelle, weil der Kapitän sein Schiff ebenfalls sinkend wähnte. Von den 54 Passagieren der *„Ville de Grasse“* konnte nicht mal die Hälfte durch andere, zur Unglücksstelle eilende Schiffe gerettet werden. Das Wrack, das älteste bekannte in Metallbauweise, ruht in 2 Teilen, die etwa 100 m voneinander entfernt liegen, auf -48 bis -50 m Grund. Der Heckteil mit den Triebrädern, die ihre Schaufeln verloren haben, ist besonders sehenswert. Das Wrack ist leider im Begriff, im Sand und Schlamm, der von den starken Strömungen bewegt wird, zu versinken.

Wrack der „Ville de Grasse“. Reste der alten Schaufelräder Foto: J.-P. Joncheray

„*Michel C*“ war ein kleiner französischer Küstendampfer von rd. 40 m Länge. In der Nacht vom 26. auf den 27. Nov. 1900 – also ein halbes Jahrhundert nach dem Unfall der „*Ville de Grasse*“ – stieß der Bier und Mehl transportierende Frachter in dichtem Nebel mit dem „*Amphion*“, einem Schiff der gleichen Compagnie, zusammen und sank in 1 1/2 Minuten. Er ruht in -39 m in relativ gutem Erhaltungszustand malerisch auf einem Felsen, weshalb er nicht nur Unterwasser-Photographen, sondern – und das schon länger – auch viele Fische bis hin zu Zackenbarschen anzieht, die hier ideale Schlupfwinkel finden.

Sektor Halbinsel Giens

La Pointe Escampobariou

Es handelt sich um die südwestlichste Spitze der Halbinsel von Giens, die nach Süden in diesem Bereich von einem Hochplateau steil ins Meer abfällt.
Ankern: In einer kleinen Bucht, direkt östlich der *Spitze Escampobariou.* Man folgt der Küste nach Osten in Richtung auf die nächste Felsnase, die *Pointe du Rabat.* Die Tiefe übersteigt nicht -35 m. Die Felsen zeigen vielfältigen Bewuchs, und mit Freuden taucht man in eine herrliche Grotte, die zwei Zugänge besitzt. Fische gab es allerdings hier früher wesentlich mehr.

Le Sec des Fourmigues (de Giens)

Ungefähr 2 km westlich der Halbinsel von Giens ragt der mit einem Seezeichen versehene Felsen „*Rocher des Fourmigues*“ aus dem Wasser. Von diesem sind es rd. 900 m in Richtung Nordwest bis zu einer Untiefe von -18 m, dem *Sec des Fourmigues*“, die mit dem Echolot zu orten ist. Fischer geben sich dort oft ein Stelldichein.
Ankern: Direkt auf dem Sec. Der zerklüftete Fels fällt steil ab bis zum Schlammgrund bei -60 m. Alle Arten von Felsenfischen, Lippfischen bis hin zu Zackenbarschen. In Kavernen des dicht bewachsenen Abbruchs findet man weiter unten sogar Zweige der roten Edelkoralle.
Auch die direkte Umgebung des „Rocher des Fourmigues“, wo zwischen zahlreichen unterseeischen Felsriffen massenhaft Gorgonien aller Art ihre Arme ausstrecken, lohnt einen Tauchgang.

Ile de la Ratonnière

Der Westspitze von Giens sind eine Reihe kleiner Inseln und überseeischer Felsenriffe vorgelagert, die auch für Anfänger einige Genußtauchgänge bereithalten, sofern die Strömungen hier nicht zu stark sind. Korallengründe mit ihren vielfältigen Lebensformen begeistern den Taucher, der sich an der abwechslungsreichen Kleinwelt erfreuen kann. Schwärme von Ährenfischen und verschiedenen Brassen durchstreifen die Unterwasser-Schluchten um die zentrale Insel La Ratonnière.
Ankern: Beliebig, aber strömungsgünstig zwischen den Eilanden.

Die Bitte

Eine Bitte sei hier ausgesprochen. Lassen Sie alles so unberührt, wie Sie es vorgefunden haben. Gorgonien, Steckmuscheln, Schnecken, Seesterne und Seeigel gehören ins Meer. Als verstaubte Tierleichen verlieren sie im schönsten Regal ihren Reiz. Nur wer nicht beobachten kann, hat es nötig, Fische durch Zerschlagen von Seeigeln anzulocken!!!

Schließen Sie sich dem Bestreben des Verbandes Deutscher Sporttaucher e. V. an, die Meere vor weiterer Ausbeutung und Zerstörung zu schützen. Beginnen Sie im Kleinen, halten Sie die Manifeste des VDST e. V., des fünftgrößten Tauchsportverbandes der Welt ein und helfen Sie mit, daß auch andere in ihrem Urlaubsgebiet dies tun. Als Sportler sollten Sie „fair zur Natur“ sein und mutig genug, dafür auch einzutreten.

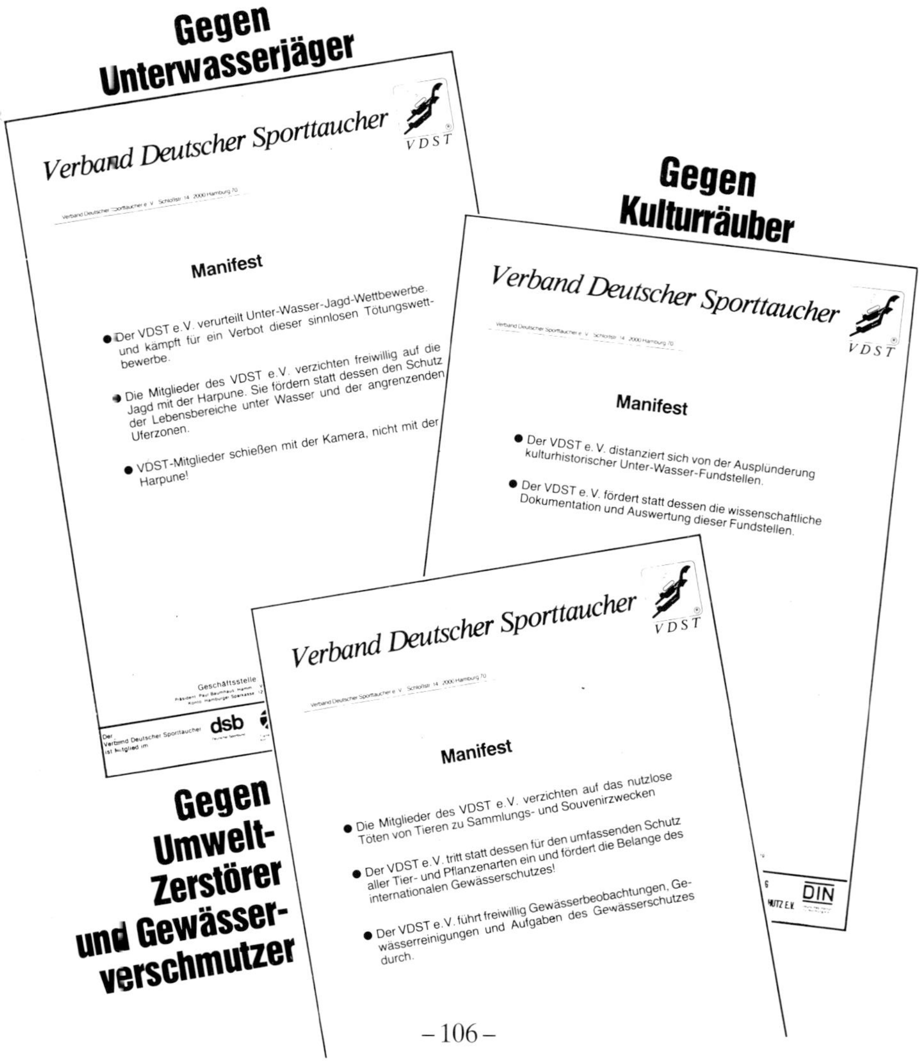

- ***Begeisterung für die Welt unter Wasser***
- ***Erstklassige tauchsportliche Ausbildung***
- ***Mehr Wissen vom Meer und von Binnengewässern***
- ***Erleben, Erfahren, Erforschen, Erhalten***
- ***Praktizierter Umwelt- und Artenschutz***
- ***Phantastische Unterwassererlebnisse***
- ***Tauchsportbegeisterte Freunde gewinnen***
- ***Freundschaften schließen***
- ***Den Alltag vergessen***
- ***Sport und Natur vereinen***
- ***Heute schon dafür kämpfen, daß es auch morgen noch etwas zu erleben gibt***
- ***Treffpunkt für Unterwasser-Filmer und -Fotografen***
- ***Konditionssteigerung***
- ***Sportliche Wettkämpfe in Einzel- und Mannschaftsdisziplinen***
- ***Nationale und internationale Kontakte***
- ***Kameradschaft für jung und alt***

Das sind einige der Punkte, die für eine Mitgliedschaft in einem der Vereine des Verbandes Deutscher Sporttaucher sprechen!

Informationen über Tauchsportvereine in Ihrer Nähe:

Verband Deutscher Sporttaucher e.V.
2000 Hamburg 60
Gründgensstraße 18 · ☎ (0 40) 6 31 33 55

Tauchclubs der Region

Es wird – in alphabetischer Folge der Orte – eine Reihe von Tauchclubs vorgestellt, welche die Tauchgründe der Inseln von Hyères regelmäßig anlaufen. Wenn man mit ihnen zum Tauchen ausfährt, ist die Luftfüllung der benutzten Flasche(n) im Bootstarif inbegriffen. Diese Tarife sind nicht hoch im Vergleich zu denen, die von unter deutscher Leitung stehenden Basen anderswo im Mittelmeerraum verlangt werden. Ein Preisvergleich zwischen den hier aufgeführten Tauchclubs lohnt sich im übrigen für den, der möglichst billig seinem Lieblingssport nachgehen möchte: Je nach Bootsklasse, Ausrüstung, Anfahrtswegen zu den Tauchgründen und „Professionalisierung" der Mitarbeiter gibt es deutliche Unterschiede.

Man beachte, daß die in Frankreich verwendeten Flaschen *internationalen* Anschluß haben (bei eigenem Automaten mit DIN-Anschluß Adapter mitbringen!). Zum Füllen deutscher Flaschen haben die Clubs Adapter (in beschränkter Anzahl) vorrätig.

Im übrigen wird der Ausländer in den französischen Clubs gern und freundlich aufgenommen. Bisweilen wird erwartet, daß man für eine moderate Summe Mitglied im Club wird (nur für das betreffende Jahr). Manchmal wird aus versicherungsrechtlichen Gründen oder wenn man ein französisches Brevet anstrebt die Mitgliedschaft in der FFESSM (franz. Tauchverband) verlangt. Mitgliedschaft im VDST zum Beispiel wird in der Regel als äquivalenter Ersatz angesehen. Bei vielen Clubs aber interessiert man sich nur für die (möglicherweise nachzuweisende) Taucherfahrung des Betreffenden. Bisweilen wird auch das Vorhandensein eines tauchsportärztlichen Zeugnisses aus jüngerer Zeit überprüft.

Die folgenden Einzelheiten zu den Tauchclubs basieren zum Teil auf deren eigenen Angaben und waren nicht immer überprüfbar. Das sollte der Leser berücksichtigen. Auch sind im Bereich der Tauchbasen schnelle Wechsel und Veränderungen nicht auszuschließen. Die Angaben entsprechen der Situation bei Redaktionsschluß. Die angegebenen Telefonnummern können, wenn man *in Frankreich* nicht aus der Pariser Gegend anruft, ohne eine Vorwahl *direkt* angewählt werden. Von Deutschland aus ist „00 33-...“ vorzuwählen.
Sollte der Leser bei den Clubs wichtige Veränderungen feststellen, ist der Verlag Stephanie Naglschmid, Rotbühlstraße 87 A, D-7000 Stuttgart 1, für eine Mitteilung dankar.

Bormes
Adresse: Club de Plongée de la Favière, F-83230 Port de Bormes-les-Mimosas, Tel. 94 64 81 66.
Wo das felsige Cap Bénat dem aus Nordwest blasenden Mistral einen mächtigen Riegel vorschiebt, liegt geschützt der Hafen von La Favière. Über den Baustil der Wohnhäuser der Marina ist schon manche Träne vergossen worden. Doch bevor der Taucher noch den „kasba“-ähnlichen Komplex an der Südwestseite des Haupthafenbeckens erreicht, stößt er rechts auf den „Club de Plongée de la Favière“.
Seit 1966 leitet ihn Roland Blanc, der sich auch als langjähriger Präsident des Comité Départemental du Var der „Fédération Française d'Etudes et de Sports Sous-marins“ große Verdienste um die Sporttaucherei im allgemeinen erworben hat. Der auch nach deutschen Maßstäben mustergültig betriebene Club funktioniert im Prinzip das ganze Jahr über – von November bis Ostern allerdings bedarfsabhängig. Besonders im Sommer stehen Roland zahlreiche Moniteure zur Seite, die jeweils kleine Gruppen in die interessantesten Tauchwinkel im Bereich der Inseln von Hyères begleiten. Manche Tauchlehrer sprechen auch deutsch bzw. englisch.
Die „Ile Enchantée III“, ein für die Taucherei umgebauter Trawler von 15 m Länge, kann bis zu 40 Taucher samt Ausrüstung aufnehmen. VHF-Radio, Echolot und Sauerstoff fehlen ebensowenig an Bord wie die anderen bordüblichen Sicherheitselemente.
Wer nicht mit eigener Tauchausrüstung kommt, kann diese im angrenzenden Scubapro-Tauchershop käuflich vervollständigen. Sie kann auch komplett bzw. teilweise im Club gemietet werden (Stahlflaschen 10 l, 12 l, 2 x 10 l). Die Füllstation (mit Bauer-Kompressoren) schafft 90 m^3/Std. Eine umfangreiche Batterie von Pufferflaschen sorgt für Schnellfüllung. Alle beim Taucher anfallenden gängigen Reparaturen können in der gut eingerichteten Werkstatt ausgeführt werden. Ausgebildet wird im Club de la Favière bis einschl. zum Moniteur 2 CMAS (franz. Brevets).
Schulung wird stets nachmittags betrieben. Dann werden auch „Schnuppertauchgänge“ (frz.: Baptêmes) durchgeführt. Die Vormittagsausfahrten sind den erfahrenen Tauchern vorbehalten, da sie bisweilen bis auf ca. 50 m Tiefe gehen (Wracks!). Nach Maßgabe freier Plätze können auch Begleitpersonen der Tau-

Der Tauchclub La Favière bei der Heimkehr vom Tauchgang

cher (mitversichert!) kostenlos an den Bootstouren teilnehmen. Außerdem bietet sich für Nichttaucher auch der weiße Sandstrand von La Favière in unmittelbarer Nähe des Clubs zum Bräunen und Baden an. Durch den Club sind das ganze Jahr über in einem nahegelegenen Mittelklassehotel Sonderkonditionen zu erhalten.

Besonderheiten, (die der Club selbst für erwähnenswert hält):

- Sicherheit für den Taucher steht bei allen Unternehmungen an erster Stelle,
- günstigster Ausgangspunkt für Tauchfahrten in den Nationalpark von Port-Cros,
- zentrale Lage im „Epizentrum“ vieler bekannter Wracks (im Oktober spezielle Lehrgänge mit Wracktauchen),
- Lehrgänge zur Unterwasser-Archäologie.

Carqueiranne

Adresse: Club de Plongée de Carqueiranne, 47 Bd. Maréchal Foch, F-83320 Carqueiranne, Tel. 94 58 88 49.

Der Tauchclub von Carqueiranne steht unter der Leitung von Bernard Gonon. Er ist das ganze Jahr in Betrieb und macht Ausfahrten zu mehr als 35 Tauchplätzen, darunter 9 Wracks, zwischen dem Cap Sicié und der Insel Port-Cros. Dafür stehen 2 Schiffe zur Verfügung, die jeweils 40 Taucher mit Ausrüstung aufnehmen können, die „Saint-Louis“ und die „Manta“. Beide sind technisch so ausgerüstet, daß sie ein hohes Maß an Sicherheit gewähren (Sauerstoff, Radio VHF, Echolot und Beiboot). Der Kompressor liefert 120 m^3/Std.

In seinen Kursen bildet der Club bis zum franz. Brevet des „2e échelon“ (CMAS Gold) aus.

Besonderheiten, (die nach Ansicht des Clubs hervorzuheben sind):
- Sicherheitsvorschriften werden sehr strikt gehandhabt,
- Lehrgänge in Unterwasser-Photographie.

Giens

Adresse: Sub Plongée, Center Nautic, Le Pousset, Presquîle de Giens, F-83400 Hyères, Tel. 94 58 25 30

Die Basis findet man in einem Schiffszentrum rechts an der Straße von Hyères nach Giens, kurz hinter den Salinen von La Capte. Profis bemühen sich im Sub Plogée, ihre Leidenschaft für das Tauchen weiterzugeben. Die junge Mannschaft kümmert sich das ganze Jahr über um Einzeltaucher und Gruppen, wobei spezielle Tauchwünsche nach einem von über 40 Zielen im Bereich von Porquerolles und im Nationalpark von Port-Cros weitgehend berücksichtigt werden können. Nachttauchgänge! Eigene Lehrgänge für Anfänger.

Die Tauchflotte besteht aus schnellen Fahrzeugen: dem Schlauchboot „Calin" für 20 Taucher mit 2 x 135 PS, den beiden Schlauchbooten „Marmo" und „Etoile de Mer" für je 10 Taucher mit jeweils 2 x 55 PS, einem Aluboot für 35 Taucher mit 2 x 220 PS. Die Schiffe starten vom Hafen von La Tour Fondue. Alle sind ausgerüstet mit VHF-Radio und Sauerstoff.

Zwei kräftige Kompressoren von je 120 m^3/Std. Luftleistung, die gepuffert werden von 34 Flaschen, sorgen dafür, daß auch bei starkem Andrang nie lange auf eine Füllung gewartet werden muß.

In der Boutique von Sub Plongée kann man jegliche Art von Tauchausrüstung kaufen bzw. mieten.

In der Nähe von Sub Plongée gibt es zahlreiche Unterkunftsmöglichkeiten (Campingplätze, Bungalows, Hotels, Feriendörfer).

Besonderheiten, (welche das Sub Plongée hervorheben möchte):
- sein Ausbildungszentrum und seine Lehrgänge,
- sein besonderes Augenmerk auf taucherische Sicherheit,
- die schnelle Beförderung zu den Tauchplätzen

Giens

Adresse: Centre de Plongée de la Tour Fondue, ESPACE MER, Chemin du Bouvet, Presqu'île de Giens, F-83400 Hyères, Tel. 94 58 94 94

Wenn man von der Ruine des Forts von La Tour Fondue im Süden der Halbinsel von Giens die Heimfahrt in Richtung Hyères antritt, findet man hinter den ersten Restaurants an der Straße, noch im Dunstbereich des Meeres, zur Rechten das Centre de Plongée de la Tour Fondue. Es existiert seit dem Februar 1986, Patrick Despinoy ist sein Leiter und Chefmoniteur. Von März bis November wird 2 mal täglich getaucht, in der übrigen Zeit nur am Wochenende. Wer ohne Ausrüstung kommt, kann das gesamte benötigte Tauchmaterial hier mieten. Über das Centre kann Tauchausrüstung bei Vertragsfirmen in Toulon zu Vorzugspreisen bezogen werden.

Zwei Kompressoren liefern 240 m^3/Std., wobei 600 l Pufferflaschen beigeschaltet sind.
„Brigantin“, ein Gaffelsegler von 14 m Länge (mit Kompressor an Bord), kann 35 Personen samt Tauchausrüstung aufnehmen. Sein Kapitän ist Béatrice Huvé.
„Margueyvan“, ein 11 m-Boot mit 2 x 175 PS, faßt bis zu 30 Taucher.
Schließlich kann noch ein modernes Speedboot 35 Taucher mit 25 kn selbst zu weit entfernten Tauchplätzen bringen.
Die Tauchlehrer des Centre bilden aus nach französischen Richtlinien, aber auch nach denen des Verbandes Deutscher Sporttaucher (deutsche Moniteure!).
Besonderheiten, (die das Centre selbst als erwähnenswert erachtet):
- Sicherheit beim Tauchen und auf dem Schiff wird groß geschrieben,
- die Taucherschiffe sind – auch bei bewegter See – sehr komfortabel,
- die Lage des Centre ist ausgezeichnet für zahlreiche herrliche Tauchplätze um Giens und Porquerolles, so daß auch bei längerem Aufenthalt und unterschiedlichen Winden täglich neue Tauchplätze kennen gelernt werden können,
- die hohe Kompressorleistung ermöglicht jederzeit schnelle Füllungen.

Giens
Adresse: HELIOX-Club, Groupe de Plongée des Iles d'Or, René Badar, Villa Bastidoun, Route du Niel, Giens, F-83400 Hyères, Tel. 94 58 96 20.
Im östlichen Teil des „Hafens“ von la Tour Fondue hat die „HELIOX“, ein 13 m langer ehemaliger Trawler, ihren Liegeplatz. Sie bildet die „Basis“ des Clubs, der unter Leitung von René Badar steht. 30 Taucher kann die „HELIOX“ an Bord nehmen. Der Clubkompressor steht ebendort und muß mit seinen 200 l/min. Luftleistung fleißig rattern, wenn nach dem morgendlichen Tieftauchgang für die erfahrenen Taucher alle Flaschen wieder aufgefüllt werden sollen. An Bord gibt es die üblichen Sicherheitselemente wie Sauerstoff und Radio VHF sowie ein Echolot. Ein Beiboot zum „Aufsammeln“ abgedrifteter Taucher vervollständigt ebenso die Sicherheitsvorkehrungen wie die Reserveflaschen, die vor dem Abstieg „für alle Fälle“ unter das Schiff gehängt werden.
Ist der Taucherandrang mal besonders stark, wird zusätzlich ein 15 Personen-Zodiac eingesetzt. René ist Berufstaucher, Moniteur und Helmtaucher Klasse III. Ausgebildet wird von ihm bis zum franz. „Brevete 2e échelon“ (= CMAS Gold) einschl.
Bis zu 10 komplette Tauchausrüstungen kann er bei Bedarf zur Verfügung stellen. Bei der Unterkunftsbeschaffung kann der Club behilflich sein. Sonderkonditionen gibt es bei verschiedenen Beherbergungsbetrieben.
Für Gruppen existieren spezielle Tauchtarife.
Besonderheiten, (die es nach eigener Ansicht nur bei René Badar gibt):
- die Möglichkeit des Helmtauchens,
- Extrem-Tieftauchgänge (außerhalb des normalen Clubbetriebs und nur für Taucher mit mind. CMAS Gold).

Die Heliox vor den Ruinen des Forts von La Tour Fondue

Giens

Adresse: Club de Plongée Calypso, Bd. Alsace Lorraine, Presqu'île de Giens, F-83400 Hyères, Tel. 94 58 20 04.

An der Straße von Hyères nach La Tour Fondue (D97) versteckt sich, gegenüber der Abzweigung nach La Madrague, hinter Wänden aus provenzalischem Rohr das Gelände des deutschen Tauchclubs Calypso. Er wird geleitet von Franz A. Wetzel.

Mit seinem Flachbodenboot „Flo-Flo" (speziell konstruiert für 20 Taucher) erreicht der Club dank Motorenleistung von 2 x 115 PS schnell selbst entferntere Tauchplätze. Natürlich sind VHF-Radio, Echolot und Sauerstoff an Bord.

Die moderne 20 m-Motoryacht „Frederick" bietet Wohnen und Tauchen mit allem erdenklichen Komfort. Sie führt in erster Linie wochenweise Kreuzfahrten mit Besuch weiter entfernt liegender Tauchplätze (Wracks!) durch. Passagierwechsel ist jeweils samstags. Ausgelaufen wird vom Hafen La Tour Fondue, den Flaschentransport dorthin besorgt der clubeigene VW-Bus. Es gibt 2 – 3 Ausfahrten pro Tag und einmal wöchentlich einen Nachttauchgang.

Im Gelände der Basis sichern Kompressoren mit einer Füll-Leistung von 150 m^3/Std. einen raschen Luftnachschub, während die Taucher sich an der kleinen Bar nebenan im Schatten erfrischen.

Ausgebildet wird nach VIT-Richtlinien bis zur Leistungsstufe Gold einschl.

In Zusammenarbeit mit dem nahen ***-Camping-Platz „Presqu'île de Giens" ist der Club auch bei der Unterbringung im Caravan (eigener oder gemietet), Holzbungalow oder Zelt behilflich.

Besonderheiten, (die der Club erwähnen möchte):
- Mögliche Kinderbetreuung im Clubgelände während der Tauchgänge,
- Aufbewahrung der gesamten Tauchausrüstung im Clubgebäude,
- ständige Mitarbeit von englisch sprechenden Moniteuren,
- Tauch- und Kreuzfahrten mit komfortabler Hochsee-Yacht.

Hyères

Adresse: Club de Plongée IERO, Base Nautique – Port d'Hyères, F-83400 Hyères, Tel. 94 38 88 34 (Präsident Ch. Chekroun)

Südöstlich des Flughafens von Hyères liegt der Hafen Saint-Pierre von Hyères. Auf der Rückeite der alten Base Nautique hat der Tauchclub IERO seine Räumlichkeiten. Er hat sich benannt nach dem provenzalischen Namen der Stadt und existiert seit 1982 in der jetzigen Form.

Präsident ist Charles Chekroun, für die Ausfahrten und das Tauchmaterial zeichnet Jean-Claude Roubaud verantwortlich, für die Tauchausbildung Jean-Pierre Trouillet. Von Anfang Juli bis 15. September stehen täglich zwei Tauchgänge auf dem Programm. Morgens finden die Tauchgänge für „Könner" statt, nachmittags finden auch schwächere Taucher Gefallen an herrlichen Tauchplätzen geringerer Tiefen um Giens und Porquerolles. Dann wird zudem Ausbildung betrieben (bis zum franz. Brevet des „plongeur autonome" = selbständiger Taucher, etwa zwischen Silber und Gold CMAS). Außerhalb der Sommerperiode finden an allen Samstagen, Sonn- und Feiertagen ebenfalls 2 entsprechende Tauchgänge statt. Wer des Französischen nicht so mächtig ist, kann mit Englisch gut durchkommen, im August sogar mit Deutsch.

Tauchclub IERO im Hafen Saint-Pierre von Hyères

30 Taucher samt Ausrüstung faßt das 10,50 m lange Boot, ein ehemaliger Langustenfischer. Bei stürmischer See, und der Wind peitscht hier nicht selten die Fluten, lernt man schätzen, wie vorteilhaft als Spritz- und Windschutz die Verglasung der vorderen Schiffshälfte ist. Bei Hochdruckwetter fungiert das Kabinendach als beliebte „Sonnenbank“. VHF-Radio, Sauerstoff und das Echolot, unerläßlich zum Orten der zahlreichen interessanten Wracks der Gegend, gehören selbstverständlich zur Bordausrüstung. 70 m^3/Std. liefert der Clubkompressor, und in der Werkstatt hilft man dem Taucher über technische Pannen hinweg. Im Bedarfsfalle kann der Tauchfreund hier die gesamte Ausrüstung mieten.
Außerhalb der Saison bietet der Club für Gruppen preisgünstige Taucharrangements mit Unterbringung im Hotel. Begleiter der Taucher können kostenlos an den Ausfahrten teilnehmen, sofern die Plätze nicht für Taucher benötigt werden. Im übrigen erreicht man verlockende Sandstrände in 5 Minuten Fußweg vom Tauchclub aus.
Besonderheiten, (die der Club selbst für bemerkenswert hält):
- Alle Mitarbeiter des Clubs stellen sich unentgeltlich zur Verfügung, was sich vorteilhaft auf die Kosten für den Tauchgang auswirkt,
- die menschliche Atmosphäre im Club ist immer entspannt und heiter, da alle Beteiligten das Tauchen als Hobby betreiben.

Le Lavandou
Adresse: CIP (Centre International de Plongée), Le Port, F-83980 Le Lavandou, Tel. 94 71 54 57
Le Lavandou, ein beliebter Badeort mit großem Yachtzentrum in einer kleinen

Ebene südlich vor dem Massiv des Maures, beherbergt in seinem Alten Hafen seit ca. 1960 das Centre International de Plongée. Man findet ihn leicht auf der Ostseite des Kais, von dem an der gegenüberliegenden Seite auch die weißen Inselboote der Compagnie des Iles d'Or abfahren. Seit 1989 leitet Jean-Noël Duval das CIP.
Das ganze Jahr über werden Tauchausfahrten mit den beiden Schiffen „Amphitrite" (umgebauter Trawler von 15 m Länge) und „Ile Fée" (Schnellboot von 11 m für 15 Taucher) angeboten. Beide Boote sind ausgerüstet mit Bordcomputer „Loran-C", Echolot sowie Bordapotheke und Sauerstoff. Hinzu kommt ein Beiboot mit 25 PS Außenborder.
Morgens werden Ausfahrten für die erfahrenen Taucher durchgeführt. Die Tauchziele liegen dann oft weiter entfernt und in Tiefen bis zu 50 m. Der nachmittag ist den Anfängern und der Ausbildung gewidmet. Diese geht bis zum franz. Brevet „2e échelon" (CMAS Gold). Sonntags werden Tagestouren mit 2 Tauchgängen für erfahrene Taucher durchgeführt (nur auf Reservierung).
Ein leistungsstarker Kompressor von 120 m^3/Std. läßt auch keine Luftprobleme auftreten, wenn in der Saison Hochbetrieb ist.
Taucher ohne Ausrüstung können diese komplett im CIP mieten (Stahlflaschen 10 l, 12 l und 2 x 10 l). Alle gängigen Reparaturen können in der gut eingerichteten Werkstatt ausgeführt werden.
Sondertarife für Gruppen mit eigenen Tauchbegleitern!
Besonderheiten, (die das CIP hervorheben möchte):

- Le Lavandou ist ein günstiger Ausgangsort für die interessantesten Tauchplätze der Küste der Maures, die alle innerhalb eines Kreises um den Ort liegen,

CIP Le Lavandou: die „Amphitrite" beim Auslaufen

- bei jedem Wetter sind Ausfahrten möglich,
- die unmittelbare Nähe von Füllstation (Clubhaus!) und Bootsliegeplatz erspart weites Schleppen der Ausrüstung,
- attraktive Tagestouren auch zu entfernteren Tauchzielen.

La Madrague de Giens

Adresse: Ulysse Club, La Madrague de Giens, F-83400 Hyères, Tel. 94 58 25 07.

Am Nordrand der Halbinsel von Giens findet sich der Weiler La Madrague, dessen malerischer kleiner Hafen einigen Fischerbarken und wenigen Sportbooten Schutz bietet. Hier im Hafen hat seit 1975 ein Tauchclub sein Hauptquartier, der seinen Namen vom antiken Abenteurer Odysseus (= Ulixes) herleitet. Und Abenteuer kann man auch heute noch auf den farbenprächtigen Tauchgründen um Giens erleben, die das Revier der Ulysse-Taucher bilden. Der Club wird geleitet von Gérard Beaussien, für das Tauchen und gleichzeitig für die Clubfinanzen verantwortlich zeichnet Christoph Desix, (der auch englisch spricht). In der Zeit von Mai bis September gibt es täglich 2 Ausfahrten zum Tauchen. In der restlichen Jahreszeit wird regelmäßig an den Wochenenden getaucht – und bei Bedarf. Im Februar ruht der Tauchbetrieb zugunsten der Wartung und Reparatur von Geräten und Taucherschiff. Letzteres ist ein flachbodiges ehemaliges Bergungsschiff (Walfang-Beiboot) und kann bis zu 17 Taucher samt Ausrüstung transportieren. VHF-Radio, Echolot und Sauerstoff sind an Bord. Zu den Vormittagsausflügen erwartet man nur erfahrene Taucher, nachmittags gibt es keine Beschränkungen hinsichtlich taucherischer Fähigkeiten. Dann wird auch Ausbildung betrieben, die bis zum franz. Brevet „2^{e2} échelon" (CMAS Gold) einschl. gehen kann.

Da dieser Club „für Freunde und Kenner" auch in der Hochsaison nicht so überlaufen ist wie manche der benachbarten, kommt er mit seiner Kompressor-Kapazität von 32 m^3/Std. im allgemeinen gut zurecht. Wenn es sein muß, kann er

bis zu 15 Tauchsportler mit allem zum Tauchen Notwendigen aus seinem Fundus ausrüsten (Stahlflaschen 10 l, 12 l).
Wer Ausrüstungsgegenstände kaufen will, kann dies über den Club zu günstigen Preisen bei bestimmten Geschäften in Toulon besorgen. Eine Werkstatt für notwendige Reparaturen ist im Clubhaus vorhanden. Für Begleiter von Tauchern, die die Zeit nicht an irgendwelchen Stränden in und um Giens „überbrücken" wollen, ist vielleicht eine Rundwanderung reizvoll, die meist auf kleinen Wegen und Steigen in ca. 3 Stunden den größten Teil der Halbinsel entdecken läßt.
Besonderheiten, (die der Club selbst hervorheben möchte):
- bei der Größe (oder besser Kleinheit) des Clubs kennt jeder jeden, und man taucht nur mit Freunden. Das ist „sympatique",
- bei der Auswahl der Tauchplätze kann auf die taucherischen Fähigkeiten und Neigungen des Einzelnen eher eingegangen werden, als das bei Mammut-Clubs der Fall ist. Das erhöht generell auch die Tauchsicherheit.

Miramar
Adresse: Club de Plongée de Miramar, Club Nautique Londais, Port de Miramar, F-83250 La Londe, Tel. 94 66 81 83.
La Londe-les-Maures, ein bekannter Weinort an der Straße von Hyères nach Fréjus (RN 98), besitzt einen kleinen Yacht- und Fischerhafen: Port de Miramar. An der Mündung des hier recht breiten Flußlaufs der Maravenne, im Rückteil des Gebäudes von Capitainerie und Club Nautique Londais, hat sich 1984 der damals neugegründete Tauchclub von Miramar „eingenistet". Christian Thiébault, der den Club seit Beginn leitet, hat vorher als Moniteur in einem anderen Club über viele Jahre die Tauchgründe um die Inseln von Hyères erforschen können. Das kommt ihm und den Tauchern seines Clubs zugute.
Von April bis Oktober reicht die normale Aktivitätsperiode des Clubs. Getaucht wird dann täglich. Morgens gibt es einen Tauchgang für die „Cracks", der möglicherweise in Tiefen bis 50 m geht (Wracks!). Nachmittags kommen die noch nicht so sicheren Taucher zu ihrem Recht. Dann wird auch ausgebildet (bis zum Brevet „2e échelon" (CMAS Gold)) und in Versuchung geratenen Landratten ein „Ersttauchgang" ermöglicht. Gruppen, die außerhalb der genannten Aktivitätsperiode tauchen möchten, können sich mit Christian verabreden über seine obige Adresse.
Das Clubschiff „Pénélope", ein Patrouillenboot von 10 m Länge, kann bis zu 15 Personen (samt Tauchausrüstung) an Bord nehmen und ist mit VHF-Radio, Echolot und Sauerstoff ausgerüstet. Insbesondere außerhalb der Hauptsaison liegt die Zahl der Taucher im Miramar-Club meistens weit unterhalb der Bootskapazität, so daß bei den Ausfahrten eine familiäre Bordatmosphäre herrscht.
Der Kompressor, der 25 m^3/Std. schafft, ist infolgedessen auch selten überfordert. Taucher ohne Ausrüstung können diese komplett oder teilweise im Club mieten (Stahlflaschen 10 l, 2 x 10 l). Für Reparaturen steht eine kleine Werkstatt zur Verfügung. Über den Club können Vorzugspreise bei Unterbringung in einem Feriendorf bzw. auf Campingplätzen der Nähe erreicht werden.

Tauchclub von Miramar vor dem Auslaufen

Begleitpersonen von Tauchern können, soweit Platz vorhanden ist, kostenlos an den Bootsexkursionen teilnehmen. Außerdem sind weite Strände aus feinem Sand in 5 Fußminuten vom Tauchclub aus erreichbar. Auch können Pferde zu Ausritten ganz in der Nachbarschaft des Clubs gemietet werden.
Besonderheiten, (die der Club selbst hervorheben möchte):
- die günstige, zentrale Lage von Miramar zwischen Giens, Porquerolles und dem Nationalpark von Port-Cros,
- die meist geringe Teilnehmerzahl ermöglicht entspannte und abwechslungsreiche Tauchgänge an phantastischen Plätzen,
- die Taucher können weitestgehend selbst über die angesteuerten Ziele entscheiden, man kann „à la carte" tauchen.

Porquerolles
Adresse: Club de Plongée du Langoustier, rue du phare, F-83400 Porquerolles, Tel. 94 58 34 18.
Im Hafen von Porquerolles, etwas versteckt hinter den Geschäften und Restaurants, hat der Club de Plongée du Langoustier seine Räume. Jean-Paul und Martine Costes organisieren von hier die Ausfahrten ihrer Schiffe „Sainte-Angèle" (Kapazität 40 Taucher), „La Courtade" (sehr schneller Aluminium-Katamaran mit 2 x 225 PS für 23 Taucher) und „Le Langoustier" (12 Taucher). Alle Boote sind ausgerüstet mit VHF-Radio, Echolot und Sauerstoff.
In der Zeit vom 15. Mai bis 15. November finden täglich 2 Tauchgänge statt. Während der restlichen Zeit des Jahres wird nach Bedarf getaucht. Der Vormittag ist den erfahrenen Tauchern reserviert, der Nachmittag steht den Anfängern und Kandidaten von „Baptêmes" zur Verfügung. Je 1 x pro Woche gibt es einen

Die Boote des Club du Langoustier

Nachttauchgang und eine Tagestour zum Tauchen bei Port-Cros.
Ausgebildet wird von 2 Moniteuren bis zum franz. Brevet des „plongeur autonome“ einschl. (CMAS zwischen Silber und Gold!). Wer ohne Tauchausrüstung kommt, kann das gesamte Material im Club leihen. In der Clubboutique „Porquerolles Plongée“ kann man auch Fehlendes dazukaufen. Für gängige Reparaturen steht eine Werkstatt zur Verfügung. Die Füllkapazität im Clubbhaus beträgt 60 m^3/Std. bei 800 l Pufferflaschen. Auf der „Saint-Angèle“ ist ein weiterer Kompressor von 16 m^3/Std. in Betrieb.
Der Club ist behilflich bei der Unterbringung zu günstigen Preisen im Hotel und in Bungalows.
Besonderheiten, (auf die der Club hinweisen möchte):
- Tauchausfahrten werden selbst für einzelne Taucher durchgeführt,
- Gruppen werden von Clubschiffen bei ihrer Ankunft und Abreise kostenlos zwischen Giens und Porquerolles befördert,
- die gesamte Ausrüstung der Taucher kann ständig an Bord bleiben,
- für Jugendliche von 14 – 16 Jahren werden eigene Lehrgänge durchgeführt,
- Sonderlehrgänge z. B. für Wracktauchen und Unterwasser-Photographie.

Nützliches von A – Z

ANREISE

Per Auto *von Norden* über die Rhone-Autobahn A 7 über Lyon bis südlich von Salon-de Provence. Dann entweder weiter über die gleiche Autobahn bis Marseille (Stadtdurchquerung ohne Autobahn) und weiter über die Autobahn A 50 bis Toulon oder direkte Autobahn über Aix-en-Provence A 8/A 52/A 50 nach Toulon. Von dort über ein kurzes Autobahnstück A 57 und die N 98 bis Hyères bzw. weiter über die gleiche Straße und die D 559 bis Le Lavandou.
Von Osten über die Autobahn A 8 von Nizza (Nice) über Cannes bis Le Luc/Le Cannet. Von dort über die N 97 bzw. D 12 und N 98 nach Hyères. Man kann die Autobahn A 8 auch bei Fréjus verlassen und über die (im Sommer vielbefahrene!) Küstenstraße N 98 und D 559 über Ste.-Maxime bis Hyères bzw. Le Lavandou weiterfahren.
Per Bahn bis Toulon. Von dort mit direkten Linienbussen in den Küstenstreifen Hyères – Le Lavandou.

ARCHÄOLOGISCHE FUNDE

die ein Taucher in den territorialen Gewässern macht, gehören dem französischen Staat. Unabhängig davon, ob es sich um *isolierte Objekte* oder ein *Wrack* handelt, ist der Finder zu einer unverzüglichen Anzeige bei der nächsten Inscription Maritime verpflichtet (Salins d'Hyères, Tel. 94 66 41 03; Toulon, Tel. 94 46 04 82). Während isolierte Objekte privat gehoben werden dürfen, müssen Wracks unberührt bleiben. Nach Expertisen durch Mitarbeiter der DRASM (Direction des Recherches Archéologiques Sous-Marines), Marseille, Tel. 91 91 06 55, können in vielen Fällen die isolierten Fundobjekte dem Finder offiziell überlassen bzw. durch gleichwertige ersetzt werden.

CAMPING

Viele Campingplätze aller Kategorien zwischen Hyères und Le Lavandou, auch auf der Halbinsel von Giens. Plätze in Seenähe für Juli/August meist 1 Jahr im voraus ausgebucht. Keine Campingmöglichkeit auf Port-Cros, beschränkte Möglichkeiten auf Levant und Porquerolles.

DEKOKAMMER

Die nächste Druckkammer (frz.: Caisson de recompression) befindet sich im Militärhospital Sainte-Anne, Toulon, Tel. 94 22 90 20. Ein Rettungshubschrauber kann auch über Seefunk angefordert werden.

FKK

Die Insel Le Levant ist das traditionelle Paradies der Nudisten. An allen öffentlichen Badeplätzen der anderen Inseln und auf dem Festland ist ansonsten das Nacktbaden weder gestattet noch toleriert (Razzien der Gendarmerie!). Wenn die Damen „oben ohne“ baden, erregt das selbst an sog. „Familienstränden“ kaum besondere Aufmerksamkeit.

FÜLLSTATIONEN

Taucherflaschen können bei den Tauchclubs der Region (vergl. S. 108 ff) aufgefüllt werden. Adapter für DIN-Anschlüsse sind im allgemeinen vorhanden. Die französischen Tauchclubs verwenden im übrigen Material mit internationalem Anschluß.

HOCHSAISON

mit viel Betrieb ist an der Côte d'Azur, wozu auch die Inseln von Hyères zählen, in den Monaten Juli/August. Viele Franzosen müssen in dieser Zeit Urlaub machen, da ihre Betriebe dann geschlossen sind.

HOTELS, APPARTEMENTS

in großer Zahl und in allen Komfortklassen im Küstenstreifen des Festlandes und auf den Inseln. In der Hochsaison stets ausgebucht. Wer kann, sollte außerhalb dieser Periode kommen. Dann reichliches und wesentlich preisgünstigeres Angebot an Hotelzimmern und Appartements. Auch ohne vorherige Reservierung dann keine Unterkunftsschwierigkeiten. Appartementvermietung direkt über die Vermieter (Listen beim örtlichen Fremdenverkehrsamt – Syndicat d'initiative) oder über Makler (Agences Immobilières).

KLIMA

Sommerheiß mit Tageshöchsttemperaturen von 28 – 34°C im Juli/August, Nachtwerten um 18 – 28 °C. Wintermild mit Höchsttemperauren um 10 – 15°C, nachts bei Aufklaren Abkühlung bis nahe Null, selten auch Frostperioden. 2 „Regenzeiten“ (Okt./Nov. und Febr./März) mit z. T. wolkenbruchartigen Niederschlägen. Mai bis erste Oktoberhälfte meist ohne nennenswerte Niederschläge.

LANDKARTEN

Michelin-Autokarte Nr. 84 (gelb) 1:200000
„Marseille – Menton“

Carte Topographique 1:25000, „Hyères ouest“ und „Hyères est“, Nr. 3446 ouest, Nr. 3446 est, Institut Géographique National

Carte du Parc National de Port-Cros 1:10000, Parc National de Port-Cros

Carte de l'Ile et du Parc Domaniale de Porquerolles 1:15000, Parc National de Port-Cros

Carte Géologique de la France 1:50000, „Hyères – Porquerolles“, Côte occidentale des Maures, Nr. XXXIV-46-47, BRGM, Service Géologique National

Seekarte Nr. 5329 P, 1:50140, Service Hydrographique et Océanographique de la Marine, „De la Presqu'île de Giens au Cap Camarat“

Carte Phytosociologique du Parc National de Port-Cros (Karte der Pflanzengemeinschaften) 1:5000, Parc National de Port-Cros

LITERATUR

Campbell, A. C., Was lebt im Mittelmeer – Pflanzen und Tiere der Mittelmeerküsten in Farben, Kosmos Naturführer 1983
Ebersoldt, M. u. F., Unterwasserwelt des Mittelmeeres, Birkhäuser Verlag 1985
Grandjot, W., Reiseführer durch das Pflanzenreich der Mittelmeerländer, Kurt Schroeder Verlag 1974
Harris, T., Pareys Mittelmeerführer, Parey Verlag 1966
Kohlhaupt, P., Mittelmeerflora, Verlagsanstalt Athesia 1980
Lüpnitz, D., Pflanzen am Mittelmeer, BLV Naturführer 132, 1984
Nachtigall, W., Tiere und Pflanzen an Mittelmeerküsten, BLV Bestimmungsbuch 32, 1983
Polunin, O., Huxley, A., Blumen am Mittelmeer, BLV Bestimmungsbuch 12, 1981
Reisigl, H., Danesch, E. u. O., Mittelmeerflora, Hallwag Taschenbuch 112, 1977
Riedl, R., Fauna und Flora des Mittelmeeres, Parey Verlag 1983
Vedel, H., Bäume und Sträucher im Mittelmeerraum, Kosmos-Feldführer 1978
Woolley, A. R., Bishop, A. C., Hamilton, W. R., Der Kosmos-Steinführer, Kosmos 1977

Der Parc National de Port-Cros publiziert – in französischer Sprache – eine fortlaufend erweiterte Serie von interessanten Broschüren zu speziellen naturwissenschaftlichen und historischen Themen (vergl. S. 40).

MISTRAL

Ein kühler, trockener, meist sehr böiger Wind aus Nordwest, der nicht selten Sturmstärke erreicht (auch im Sommer!). Weht oft über mehrere Tage. Eine starke Abkühlung der Oberflächenwasser ist im Sommer im Gefolge.

METEOROLOGIE – vergl. WETTERDIENST

PIZZERIAS

wo man Pizza und andere preiswerte „Snacks" zu sich nehmen kann, gibt es viele im Festlandsbereich der Inseln. Beim Fremdenverkehrsamt (Syndicat d'Initiative) Liste der Restaurants besorgen. Pizzas zum Mitnehmen kann man auch bei fast allen Bäckern (Boulanger) kaufen.

RESTAURANTS

gibt es viele – viele gute und viele teure – in dieser seit Jahrzehnten touristisch erschlossenen Gegend. Nachstehend die Adressen einiger (nicht unbedingt billiger) Gaststätten, die sich dadurch auszeichnen, daß ein vernünftiges Preis/Leistungsverhältnis besteht – weswegen auch die ortskundigen Einheimischen gerne zu ihnen zum Speisen gehen:

Le Lavandou, Aiguebelle-Plage: „Le Petit Pavois",
Route du Bord de Mer, Tel. 94 05 82 81
Spezialitäten: Fisch- und Grillgerichte

Le Lavandou, Saint-Clair: „Les Tamaris
Tel. 94 71 02 70, Spezialität: Fischgerichte

Ile du Levant, „La Fourmi", Spezialitäten: Boullabaisse, Paëlla, Grill- und Fischgerichte; herrliche Aussicht, besonders bei Sonnenuntergang empfehlenswert, Tel. 94 05 90 25

Hyères, L'Ayguade, „Les Plaisanciers", Tel. 94 66 34 77

Hyères, Port Saint-Pierre, „Restaurant de la Base Nautique", Tel. 94 38 88 68, Familiäre Küche

Hyères, Le Pousset, „L'Auberge du Pousset", Route de Giens, Tel. 94 58 21 04, Regionalspezialitäten

Hyères, La Madrague de Giens, „La Bouillabaisse", Tel. 94 58 22 15, Spezialität: Bouillabaisse, Fischgerichte.

Anmerkung: In der Hauptsaison ist Tischresevierung dringend angeraten!

SCHIFFAHRTSLINIEN

zu den Inseln vergl. S. 16

SONNENSCHUTZ

In der heißen Jahreszeit sollte beim Baden bzw. Sonnenbaden ein Sonnenschutzmittel als Vorbeugung gegen Verbrennungen bzw. Austrocknung der

Haut verwendet werden. Die Filterstärke sollte der individuellen Empfindlichkeit angepaßt sein.

SPANNUNG

Allgemein 220 V. Schukostecker passen nicht in allen Steckdosen, wohl aber die flachen Eurostecker (evtl. Südeuropastecker mitnehmen).

TAUCHGENEHMIGUNG

ist keine erforderlich. Das Baden, Schnorcheln und Tauchen ist an allen Küstenabschnitten erlaubt (Ausnahme: das militärische Sperrgebiet um die Ile du Levant, vergl. S. 21).

UNTERWASSERJAGD

darf in Frankreich nur schnorcheltauchend und aufgrund schriftlicher Genehmigung (Permis de Pêche Sous-Marine, gebührenpflichtig) ausgeübt werden. Nur Gummizugharpunen und Pfeile mit einer einzigen Spitze sind zugelassen.

WALDBRANDGEFAHR

Während der trockenen Jahreszeit (Frühjahr bis Herbst) besteht in Südfrankreich erhöhte Waldbrandgefahr. Das Entzünden von Feuer in Gebieten mit Wald, Buschwerk oder ausgetrocknetem Grasgrund ist streng verboten. Beim Picknick beachten! Eine achtlos weggeworfene, noch brennende Zigarettenkippe kann selbst vom Straßengraben aus einen riesigen Flächenbrand entfachen. Die Gefahr ist besonders groß, wenn der böige Mistral bläst. Da alljährlich viele tausend Hektar abbrennen, besteht für Fußwanderer z.B. in den großen Waldgebieten der Maures *im Sommer* die Gefahr, von einem plötzlich ausbrechenden Brand überrascht und eingezingelt zu werden. Die Feuerwalzen rasen bei starkem Wind nicht selten mit 3 – 4 km/Std. vorwärts.
Die *Inseln von Hyères* bilden wegen ihrer sorgfältigen Feuerüberwachung und geringen Ausdehnung ein wesentlich *gefahrloseres Wandergebiet.*

WASSERTEMPERATUREN

An der Oberfläche
April – Juni 14 – 20°C
Juli – September 22 – 24°C
November – März 17 – 13°C.
Im Sommer können die Temperaturen durch Mistraleinfluß schnell um 5°C absinken.
Bei 30 – 40 m Tiefe
ganzjährig ca. 12 – 13°C.

WETTERDIENST

Auskunft über das Seewetter erteilt die „Météorologie Nationale“ unter Tel. 94 46 90 11 (automat. Durchsage), für die Hochsee unter Tel. 94 46 90 50.

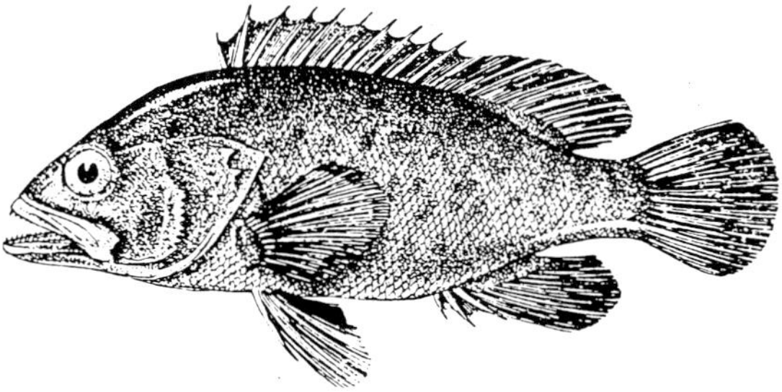

Hiermit bestätigen wir, daß

____

vom ____________________ **bis** ____________________

__________ **Tauchgänge**

in den Gewässern der
INSELN von HYERES
absolviert hat.

____

Datum Ort

____

Unterschrift (Stempel)

Und keine neuen Bademoden! Tja, das Tiefenfernsehen wird immer mieser!
Wieder kein Mittel gegen meine Pickel!